틈만 나면 보고 싶은
융합 과학 이야기

틈만 나면 보고 싶은 융합 과학 이야기
비행기를 탈 거야!

초판 1쇄 인쇄 2015년 7월 13일
초판 1쇄 발행 2015년 7월 20일

글 서지원, 조선학 | **그림** 김혜연 | **감수** 구본철

펴낸이 이재석 | **편집부문장** 최재혁 | **편집팀장** 최은주 | **책임편집** 최지연
디자인 마루 · 한 | **본문 편집** 구름돌(문주영, 이현경, 김홍비, 홍진영)
사진 제공 유로크레온, 헬로 포토, 두피디아 포토박스, PNAS

펴낸곳 동아출판㈜ | **주소** 서울시 영등포구 은행로 30(여의도동)
대표전화(내용 · 구입 · 교환 문의) 1644-0600 | **홈페이지** www.dongapublishing.com
신고번호 제300-1951-4호(1951. 9. 19.)

©2015 서지원, 조선학 · 동아출판

ISBN 978-89-00-37935-8 74400   978-89-00-37669-2 74400 (세트)

틈만 나면 보고 싶은
융합 과학 이야기

비행기를 탈 거야!

글 서지원 · 조선학   그림 김혜연

감수 구본철(KAIST 교수)

동아출판

미래 인재는 창의 융합 인재

이 책을 읽다 보니, 내가 어렸을 때 에디슨의 발명 이야기를 읽던 기억이 납니다. 그때 나는 에디슨이 달걀을 품은 이야기를 읽으면서 병아리를 부화시킬 수 있을 것 같다는 생각도 해 보았고, 에디슨이 발명한 축음기 사진을 보면서 멋진 공연을 하는 노래 요정들을 만나는 상상을 하기도 했습니다. 그러다가 직접 시계와 라디오를 분해하다 망가뜨려서 결국은 수리를 맡긴 일도 있었습니다.

지금 와서 생각해 보면 어린 시절의 경험과 생각들은 내 미래를 꿈꾸게 해 주었고, 지금의 나로 성장하게 해 주었습니다. 그래서 나는 어린 학생들을 만나면 행복한 것을 상상하고, 미래에 대한 꿈을 갖고, 꿈을 향해 열심히 도전하고, 상상한 미래를 꼭 실천해 보라고 이야기합니다.

어린이 여러분의 꿈은 무엇인가요? 여러분이 주인공이 될 미래는 어떤 세상일까요? 미래는 과학 기술이 더욱 발전해서 지금보다 더 편리하고 신기한 것도 많아지겠지만,

4

우리들이 함께 해결해야 할 문제들도 많아질 것입
니다. 그래서 과학을 단순히 지식으로만 이해하
는 것이 아니라, 세상을 아름답고 편리하게 만
들기 위해 여러 관점에서 바라보고 창의적으로
접근하는 융합적인 사고가 중요합니다.
나는 여러분이 즐겁고 풍요로운 미래 세상을 열어
주는, 훌륭한 사람이 될 것이라고 믿습니다.

　　동아출판 〈틈만 나면 보고 싶은 융합 과학 이야기〉 시리즈는 그동안 과
학을 설명하던 방식과 달리, 과학을 융합적으로 바라볼 수 있도록 구성되
었습니다. 각 권은 생활 속 주제를 통해 과학(S), 기술공학(TE), 수학(M),
인문예술(A) 지식을 잘 이해하도록 도울 뿐만 아니라, 과학 원리가 우리 생
활을 편리하게 해 주는 데 어떻게 활용되었는지도 잘 보여 줍니다. 나는 이
책을 읽는 어린이들이 풍부한 상상력과 창의적인 생각으로 미래 인재인 창
의 융합 인재로 성장하리라는 것을 확신합니다.

카이스트 문화기술대학원 교수　구본철

비행기를 보며 미래를 꿈꾸는 친구들에게

반가워요, 어린이 여러분! 이 책은 비행기를 보며 이런저런 호기심이 생긴 여러분을 위해 쓴 책이에요. 이 책에는 지금까지 여러분이 알지 못했던 내용들이 꽤 많이 담겨 있어요.

이 책에서는 세계 최초로 동력 비행에 성공한 라이트 형제를 만날 수 있어요. 형 윌버 라이트와 동생 오빌 라이트는 어릴 때부터 기계를 다루는 데 재능이 많았어요. 그리고 엄청난 독서광이었죠.

1903년 12월 오빌이 비행기에 올라탔고 윌버가 비행기를 따라 달리면서 플라이어 1호의 첫 비행에 성공했어요.

그런데 라이트 형제보다 비행기를 더 먼저 만든 우리나라 사람이 있답니다. 바로 '정평구'라는 사람이에요. 정평구는 임진왜란 때 '하늘을 나는 수레'라는 뜻의 '비거'를 만들었어요. 비거는 라이트 형제가 만든 플라이어 1호보다 300년이나 앞서 비행에 성공했어요. 국립과천과학관에 가 보면 정평구가 만든 비거를 복원한 모습을 볼 수 있답니다.

아주 오래전부터 세계 곳곳의 많은 사람들은 하늘을 날고 싶어 했어요. 그래서 수많은 도전을 했고, 마침내 여러 가지 비행기를 만들어 냈답니다.

이 책에서 하늘이는 라이트 형제와 우여곡절 끝에 비행기를 타지요. 그 속에는 비행기에 대한 과학, 기술공학, 수학, 인문예술의 정보가 가득해요.

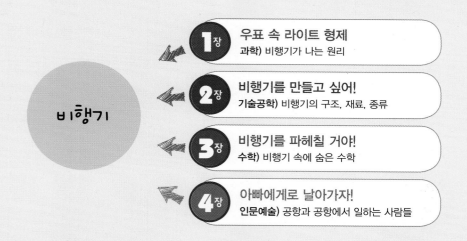

1장 우표 속 라이트 형제
과학) 비행기가 나는 원리

2장 비행기를 만들고 싶어!
기술공학) 비행기의 구조, 재료, 종류

3장 비행기를 파헤칠 거야!
수학) 비행기 속에 숨은 수학

4장 아빠에게로 날아가자!
인문예술) 공항과 공항에서 일하는 사람들

비행기

이제 다가올 미래는 여러분의 세상이에요. 미래에는 여러분이 제2의 정평구가 되어 저 푸른 하늘과 저 넓은 우주를 자유롭게 날아 우리나라를 세계 최고의 항공 기술 강국으로 발전시켰으면 합니다. 꿈과 즐거움을 가득 싣고 미래를 향해 한 걸음씩 나아가세요.

서지원, 조선학

차례

1장 우표 속 라이트 형제

2장 비행기를 만들고 싶어!

3장 비행기를 파헤칠 거야!

4장 아빠에게로 날아가자!

우표 속 라이트 형제

1장

라이트 형제와의 만남

회사 일 때문에 잠시 미국에 계시는 아빠와 엄마에게서 편지가 왔다. 하늘이는 반가운 마음에 편지 봉투를 **와락** 뜯어보았다. 그 안에는 놀러 오라는 아빠의 편지와 함께 비행기 표가 들어 있었다. 하늘이는 오랫동안 보지 못한 아빠를 만날 수 있다는 생각에 마음이 잔뜩 들떴다.

그런데 출발하는 날 아침, 뉴스에서 끔찍한 소식이 흘러나왔다.

"자욱한 안개 때문에 비행기가 뜰 수 없습니다, 여러분."

"순 **엉터리 비행기** 같으니라고! 대체 비행기는 누가 만든 거야?"

나라면 안개, 바람, 비 따위에도 끄떡없이 만들었을 텐데……."

하늘이가 아쉬운 마음에 아빠의 편지를 다시 꺼내 보다가 편지 봉투의 우표를 수집 노트에 붙이려고 할 때였다. 어디선가 말소리가 들려왔다.

"우리도 **튼튼한** 비행기를 만들고 싶었어."

"우리가 얼마나 애를 썼다고!"

하늘이는 주위를 두리번거렸지만 아무도 없었다.

"여기야, 여기!"

하늘이는 놀라서 입이 쩍 벌어졌다.

우표 속 라이트 형제가 걸어 나와 말을 하고 있었다. 미국에 계신 아빠는 늘 정성스럽게 직접 글을 써서 편지를 보내셨고, 편지 봉투에는 우표가 붙어 있었다. 하늘이는 편지 봉투에 붙어 있던 우표를 잘 뜯어서 수집 노트에 모아 두었다.

"정식으로 소개할게. 우린 라이트 형제야. 난 동생인 오빌 라이트."

긴 콧수염이 멋진 오빌이 눈을 찡끗하며 먼저 인사했다.

"난 윌버 라이트라고 해. 오빌의 형이지."

이어서 윌버가 모자를 만지작거리며 차분한 목소리로 말했다.

하늘이는 라이트 형제와 어정쩡하게 인사를 나누었다.

"설마 우리를 모르는 건 아니겠지?"

"이, 이름은 들어 봤어요. 비행기를 만드신 것도 알고요."

하늘이는 라이트 형제와 이야기를 나누는 상황이 도무지 믿기지 않았다.

"으흠! 사람들은 우리에게 늘 감사하며 지내야 해."

"우리가 아니었다면 하늘을 나는 꿈을 포기해야 했을 거야."

오빌과 윌버는 목에 잔뜩 힘을 주며 말했다.

"그게 무슨 말이에요?"

하늘이가 어리둥절한 표정으로 묻자, 라이트 형제가 어깨를 잔뜩 펴고는 으스대며 말했다.

"에헴, 아주 오래전부터 사람들은 새처럼 하늘을 날고 싶어 했지."

"그래, 사람들은 날기 위해 여러 가지 방법을 시도했어."

라이트 형제의 말에 흥미를 느낀 하늘이가 눈을 동그랗게 떴다.

"어떤 방법으로 날아 보려 했나요?"

나도 새처럼 날고 싶어!

"새털로 커다란 날개를 만들어 날아 보기도 하고, 커다란 부채를 만들어 힘껏 휘휘 저어서 날아 보기도 했지."

"엄청 높은 곳에서 푸드덕거리며 뛰어내리는 애도 있었어."

"쯧쯧, 그러다 다쳐서 고생만 했지."

윌버가 말을 끝내면 오빌이 다음 말을 곧바로 받아쳤다. 그래서인지 둘의 목소리가 꼭 돌림노래처럼 들렸다.

"덕분에 사람들은 깨달았지. 아, 사람은 새처럼 날 수 없구나."

하늘이는 자기도 모르게 윌버와 오빌의 이야기에 귀를 기울이고 있었다.

하늘을 날고 싶어

"그래서 어떻게 됐는데요?"

"너라면 어떻게 했겠니?"

"저, 저요?"

갑작스러운 질문에 하늘이는 당황했다.

라이트 형제가 두 눈을 반짝이며 하늘이를 쳐다봤다.

"아마 될 때까지 노력했겠죠……."

이렇게 말했지만 하늘이라면 아마 포기했을지도 모른다. 사실 하늘이는 뭐든 끝까지 노력해 본 적이 별로 없었다. 그래서 엄마에게 끈기가 없다는 핀잔을 자주 들었다.

"아! 사람은 하늘을 날 수 없어."

"포기하자, 포기해."

라이트 형제는 연극하듯 손을 이마에 얹더니 털썩 주저앉았다. 하늘이는 그 모습을 멀뚱멀뚱 쳐다봤다.

"이렇게 모든 사람들이 포기하고 있을 때였지."

"어느 날 프랑스에 사는 몽골피에라는 형제 건축가가 산에서 야영을 하다가 기가 막힌 아이디어를 생각해 냈어."

"어떤 아이디어요?"

하늘이가 묻자 윌버가 에헴 헛기침을 했다.

"부탁인데, 우리가 말하는 도중엔 끼어들지 마."

"그래, 우린 그런 거에 예민하다고!"

하늘이가 멋쩍게 고개를 숙였다. 그러자 오빌이 어깨를 툭 쳤다.

"그렇다고 그렇게 기죽을 것까진 없어. 우리 얘기에 호기심이 생기는 건 아주 당연한 일이란 걸 알고 있으니까."

다시 라이트 형제의 이야기가 이어졌다. 먼저 윌버가 말했다.

"몽골피에 형제는 우리 라이트 형제처럼 우애가 좋았나 봐."

"그럼, 둘은 함께 고민하는 걸 좋아했지. 마치 우리처럼!"

오빌이 윌버의 말을 받아쳤다.

"알겠으니까 어떤 아이디어였는지부터 얘기해 주시면 안 돼요?"

하늘이는 불쑥 끼어들었다가 아차 하고는 입을 다물었다.

라이트 형제가 매서운 눈빛으로 동시에 하늘이를 쏘아보았던 것이다.

어허, 우리가 이야기할땐 끼어들지 말고 열심히 들어!

그래, 우리 이야기는 모두 피가 되고 살이 된다고!

"그날은 쌀쌀한 가을밤이었어."

"귀뚜라미가 귀뚤귀뚤 울고, 쓰르라미가 쓰르르르! 아무튼 숲 속에서 야영을 하게 된 몽골피에 형제는 모닥불을 피우기로 했지."

윌버와 오빌은 귀뚜라미 흉내를 내며 말했다.

"여기서 중요한 건 바로 모닥불이야."

"그래, 모닥불이 새로운 영감을 준 거야!"

"모닥불이요?"

하늘이가 눈을 동그랗게 뜨자 윌버가 헛기침을 했다.

"모닥불을 피우면 뜨거운 연기와 함께 재가 하늘로 올라가지."

"타닥, 타닥 소리도 나고."

하늘이는 캠핑 갔을 때를 떠올렸다. 캠프파이어를 하려고 모닥불을 피웠더니 나무를 태운 재가 연기와 함께 하늘하늘 춤을 추었다.

"그걸 본 몽골피에 형제는 커다란 주머니에다가 뜨거운 연기를 담으면 주머니가 하늘로 떠오를지도 모른다고 생각했어."

"아마 그 생각은 동생이 먼저 했을 거야."

"뭐라고?"

"원래 그렇잖아, 중요한 생각은 언제나 동생이 먼저 하는 법이지."

오빌이 당연하다는 듯 대꾸하자 윌버가 버럭 소리쳤다.

"너, 지금 말 다했어?"

둘은 티격태격 당장 싸우기라도 할 기세였다.

"저기…… 그래서요?"

하늘이는 조그마한 목소리로 다음 얘기를 재촉했다.

"험, 아무튼 몽골피에 형제는 커다란 주머니를 만들고 거기에다가 뜨거운 연기를 **잔뜩** 채웠어."

"동생의 기발한 생각은 딱 맞아떨어졌었지."

"그 생각은 틀림없이 형이 한 걸 거야!"

"아냐, 동생이 한 거라니까!"

둘은 또다시 말다툼을 벌였다. 그러다 윌버가 말을 이었다.

"몽골피에 형제가 만든 열기구는 여러 번 실험을 거친 후 1783년 6월에 공개 비행을 했고, 1000m까지 날아 올랐어. 그리고 11월에는 최초로 사람을 태우고 줄을 묶지 않은 채 25분 동안 9km를 비행했지."

"사람들은 몽골피에 형제가 마법을 부리는 거라고 생각했어."

"킥킥, 그때 사람들의 과학 수준으론 상상도 못할 일이었지."

하늘이는 어떻게 열기구가 하늘로 떠오른 거냐고 물었다.

"궁금해?"

"그건 바로 밀도 때문이야."

"넌 밀도가 뭔지 전혀 모르는 표정이구나."

윌버가 하늘이의 표정을 보고 말했다.

"밀도는 물질의 질량을 부피로 나눈 값이야. 즉 단위 부피당 물질의 질량을 말해."

"오빌, 그렇게 말하면 쟤가 알아들을 리 없잖아."

윌버는 코웃음을 치더니 말을 이었다.

"밀도는 물질마다 고유한 값이 있어. 예를 들어 고체 상태의 물질은 분자들이 빽빽하게 모여 있으니 부피가 작아서 밀도가 크겠지? 그리고 액체 상태의 물질은 고체 상태에 비해 분자간의 거리가 머니까 부피가 커서 고체보다 밀도가 작아."

"기체는 어떻겠니?"

오빌이 하늘이에게 물었다.

"음, 기체 상태의 물질은 분자간의 거리가 매우 멀어서 부피가 훨씬 크니까 밀도가 엄청 작겠네요? 밀도가 큰 순서는 고체, 액체, 기체잖아요."

"오, 생각보다 똑똑한데?"

"저도 그 정도는 알아요."

"또 밀도가 크면 아래로 가라앉고, 밀도가 작으면 위로 뜬단다."

"왜요?"

하늘이가 고개를 갸우뚱했다.

"쉽게 설명하자면…… 그래, 동전을 물속에 넣으면 어떻게 돼?"

"당연히 툭 가라앉죠."

하늘이의 대답에 윌버와 오빌이 약속이나 한 듯 동시에 고개를 끄덕였다.

동전은 물보다 밀도가 커서 분수대 안에 동전을 던지면 아래로 가라앉는다.

헬륨은 공기보다 밀도가 작아서 헬륨이 담긴 풍선은 하늘로 날아간다.

"동전이 가라앉는 건 바로 동전의 밀도가 물보다 크기 때문이야."

"풍선에다 헬륨을 넣으면 하늘로 떠오르는 이유도 마찬가지지."

"그럼 헬륨이 공기보다 밀도가 작아서 하늘로 떠오르는 건가요?"

"그래, 바로 그거지."

라이트 형제는 동시에 고개를 끄덕였다.

하늘이는 문득 궁금한 게 하나 생겼다. 몽골피에 형제가 만든 커다란 주머니를 가득 채운 것은 연기였다. 연기는 공기이고 공기는 주머니 안과 밖에서 밀도가 같을 텐데 어째서 기구가 하늘로 떠오른 걸까 궁금했다. 여기까지 생각한 하늘이가 질문하려고 할 때였다.

"워워, 우린 네가 지금 무얼 질문하려는지 다 알아."

"그래, 커다란 주머니 안에다가 연기를 채운 열기구가 어떻게 하늘로 떠오른 건지 궁금하지?"

둘은 **족집게 도사** 같았다.

"그건 바로 열기구의 커다란 주머니 속 공기의 밀도가 열기구 바깥에 있는 공기의 밀도보다 작기 때문이란다."

"같은 공기인데 어떻게 밀도가 다르냐고 묻고 싶지?"

"네……."

"공기는 온도에 따라 **부피가 변해.**"

"예를 들어 고무풍선을 씌운 병을 따뜻한 물에 담그면 병 안에 있는 공기의 온도가 올라가고, 공기 분자들이 더 활발하게 움직이지. 그러면 공기의 부피가 늘어나고 고무풍선이 부풀어 오르게 돼. 부피가 늘어나니 밀도가 작아진 거지."

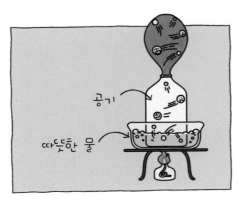

온도가 높아지면 공기 분자들 사이의 거리가 멀어져, 부피가 늘어나고 밀도가 작아진다.

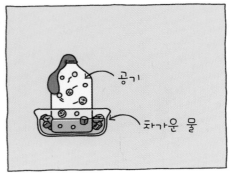

온도가 낮아지면 공기 분자들 사이의 거리가 가까워져, 부피가 줄어들고 밀도가 커진다.

"반대로 차가운 물에 넣으면 병 안에 있는 공기의 온도가 내려가면서 부피가 줄어들어 고무풍선이 다시 쭈그러든단다."

"결국 몽골피에 형제가 만든 커다란 주머니 안의 공기가 뜨거워지면서 밖의 공기보다 밀도가 작아져 열기구가 떠오른 거군요."

하늘이가 **손뼉을 치며** 대꾸했다.

"형! 이 녀석, 생각보다 똑똑한 것 같아."

라이트 형제는 자기들끼리 뭔가 소곤소곤 이야기를 주고받더니, 하늘이에게 아주 큰 은혜를 베풀 듯이 말했다.

"좋아, 널 우리 조수로 임명하도록 하겠어."

"조수요? 제가 왜……."

"고마워하지는 않아도 돼. 우린 마음이 너그러운 사람들이니까."

하늘이는 얼떨결에 라이트 형제의 조수가 되었다.

주머니 속 공기가 뜨거워져서 밀도가 작아지고, 그래서 열기구가 하늘로 날아오른 거야.

떠오르는 힘, 양력

"저기요."

하늘이는 조심스럽게 라이트 형제에게 물었다.

"공기보다 밀도가 큰 물체는 하늘로 떠오를 수 없는 건가요?"

"네가 맞혀 봐. 떠오를 수 있게, 없게?"

"비행기처럼 크고 무거운 물체도 하늘을 날 수 있으니까⋯⋯. 아마 떠오를 수 있을 것 같긴 한데, 어떻게 떠오르는 건지는 잘 모르겠어요."

하늘이가 고개를 갸웃거리며 대답하자 라이트 형제가 **의미심장하게** 웃었다.

조지 케일리(1773~1857)
비행기의 기초가 되는 여러 가지 원리를 연구하여 '비행기의 아버지'라고 불린다.

"그 답을 찾아낸 사람이 케일리라는 과학자였지."

"그때가 아마 1809년 무렵이었을 거야. 영국의 과학자 케일리는 새가 하늘을 어떻게 날 수 있는지 연구하다가 양력이라는 힘을 발견했어. 양력은 새의 날개에서 발생하는 힘이야."

"양력이 힘이라고요? 날짜를 말하는 거 아닌가요?"

"무식하긴! 들어 봐, 조수. 양력은 물체가 수직 방향으로 받는 힘이야. 새가 하늘에서 날개를 펴고 날 수 있는 건 수직으로 작용하는 힘이 날개를 떠받들어 주기 때문이지."

하늘이는 쉽게 이해되지 않았다. 어떻게 공중에 떠 있는 새의 날개를 떠받치는 힘이 생길 수 있는 걸까 하는 생각이 들었다.

"자, 실험을 하나 할게. 잘 봐. 반으로 접은 종이 사이에다가 연필을 끼우고 연필의 양 끝을 각각 잡는 거야."

오빌은 진지한 얼굴로 종이에 연필을 끼우고 양손으로 잡았다.

"다음, 종이 위쪽에 **후** 하고 입바람을 부는 거지."

오빌이 입바람을 불자 종이가 약간 위로 떠올랐다.

"종이 위쪽에 바람을 불면 공기가 빠르게 이동하면서 종이 위쪽의 압력이 낮아져. 반면 종이 아래쪽 공기는 이전과 같은 속도로 이동하니까 압력도 그대로지. 따라서 압력이 높은 종이 아래쪽에서 압력이 낮은 종이 위쪽으로 힘이 생기고, 그 덕분에 종이가 위로 떠오르는 거란다."

"좀 복잡하지만 압력 차이가 생겨서 위로 떠오른다는 건 알겠어요."

"맞아. 어려운 개념이니까 **차근차근** 생각해 보렴."

하늘이는 고개를 끄덕였다.

양력은 흐르는 기체나 액체 속의 물체가 수직 방향으로 받는 힘으로, 압력이 높은 쪽에서 압력이 낮은 쪽으로 생기는 힘이다.

후 불면 종이 위아래의 공기 속도가 달라져서 압력의 차이가 생겨. 그래서 종이가 위로 떠올라.

공기의 흐름

양력

"이 원리를 이용하면 공기보다 무거운 물체도 공중으로 띄울 수 있어요?"

하늘이가 묻자 라이트 형제가 무릎을 탁 쳤다.

"와, 역시 넌 우리 조수다워."

"바로 이 원리를 이용해서 비행기를 만들면 공기보다 밀도가 큰 비행기도 하늘 높이 날아오를 수 있지."

오빌이 비행기의 날개를 대충 그리더니, 공기의 흐름을 표시했다.

"비행기 날개의 단면은 이 그림처럼 아래쪽은 **평평하고,** 위쪽은 **불룩하게** 생겼어."

"같은 양의 공기가 같은 시간 동안 날개 위쪽과 아래쪽을 지나갈 때, 날개 위쪽으로 이동하는 공기는 불룩한 모양을 지나가야 하지. 그러니까 날개 아래쪽으로 이동하는 공기보다 같은 시간 동안에 더 긴 거리를 움직이는 거야."

"그럼 날개 위쪽을 이동하는 공기의 속도가 어떻게 되겠어?"

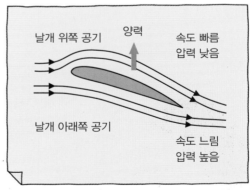

비행기 날개의 단면이다. 불룩한 위쪽은 평평한 아래쪽보다 공기의 흐름이 빨라져 압력이 낮아진다.

"빨라지겠죠."

"바로 그거야! 그래서 공기의 속도가 빠른 날개 위쪽은 압력이 낮아지고, 공기의 속도가 그대로인 날개 아래쪽은 압력이 상대적으로 높아져."

"이때 생기는 압력의 차이로 인해 발생하는 **양력을 이용하면** 비행기가 떠오르는 거고!"

하늘이는 이런 원리를 알아낸 케일리가 정말 대단한 것 같다며 엄지손가락을 치켜세웠다.

"대단하긴 하지만, 글쎄다. 우리보단 아니지."

"어쨌든 이런 현상은 우리 생활에서도 쉽게 찾을 수 있어. 스크린 도어가 없는 승강장에서는 지하철이 빠른 속도로 지나가면 승강장에 서 있던 사람들의 옷과 머리카락이 지하철 쪽으로 쏠려. 이 현상도 공기의 압력 차이 때문에 생기는 거야."

윌버는 빠른 속도로 달리는 지하철 주변 공기의 압력이 낮아지면서 사람들이 서 있는 승강장은 상대적으로 압력이 높아지게 된다고 했다. 그래서 사람들의 옷과 머리카락이 지하철쪽으로 쏠리게 된다고 했다.

네 가지 힘이 필요해

"양력만 있으면 무거운 비행기가 하늘을 날 수 있어요?"

"하늘이는 정말 비행기를 잘 모르는구나, 히히."

오빌이 하늘이를 놀리듯 웃자, 윌버가 하늘이 어깨를 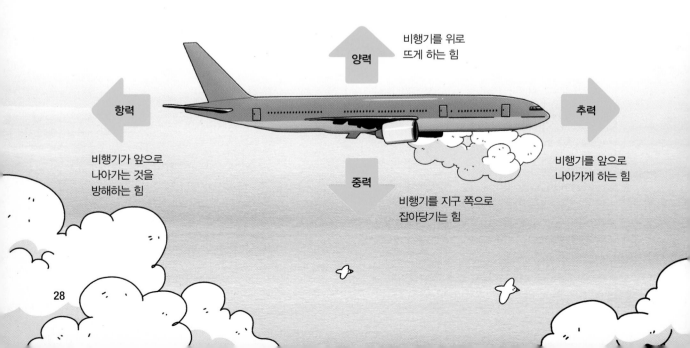토닥 말했다.

"엄청나게 무거운 비행기를 떠오르게 하려면 엄청난 양력이 필요해. 근데 비행기가 하늘 높이 떠오른 뒤에는 중요한 게 더 있지. 그게 뭐게?"

"뭔데요?"

"내가 먼저 물었잖아."

"음…… 떠올랐으면 잘 날아야죠."

하늘이가 우물쭈물 대답하자 윌버가 바로 끼어들었다.

"그래, 하늘로 떠오른 뒤에 오랫동안 잘 날아야지!"

"비행기가 하늘 높이 떠올라 잘 날려면 네 가지 힘이 필요하단다. 추력, 양력, 항력, 중력이지."

양력
비행기를 위로
뜨게 하는 힘

항력
비행기가 앞으로
나아가는 것을
방해하는 힘

추력
비행기를 앞으로
나아가게 하는 힘

중력
비행기를 지구 쪽으로
잡아당기는 힘

오빌도 말을 덧붙이며 추력과 양력, 항력과 중력 가운데 하나만 없어도 비행기는 제대로 날 수 없다고 했다.

"좋아, 이 네 가지 힘에 대해 알려 주지. 넌 정말 운이 좋은 거야."

"먼저 추력은 비행기가 나아가는 방향으로 작용하는 힘이야. 추력이 있어야 비행기가 엄청난 속도로 활주로를 달릴 수 있고, 그래야 양력이 생겨서 하늘로 떠오를 수 있어."

"추력은 어떻게 만드는데요?"

"비행기에는 엔진이 있어. 엔진이 바로 추력을 만들어 내는 기관이지."

"쉽게 설명하자면 엔진은 주변의 공기를 빨아들여서 연소시킨 후 뒤쪽으로 뿜어져 나오게 해. 이때 기체가 **뿜어져 나오는 힘**으로 비행기가 앞으로 나아가지. 풍선을 불어서 묶지 않고 놓으면 공기가 빠져나가면서 풍선이 앞으로 나가는 것과 같은 원리지."

"아, 생각보다 **간단하네요.**"

"환풍기에 있는 팬을 본 적 있니? 프로펠러 모양의 팬이 돌아가면서 공기를 빨아들이는데, 비행기 엔진도 프로펠러가 있어서 공기를 빨아들인단다."

"옛날에 작은 비행기는 프로펠러가 돌아가며 공기를 내뿜는 힘만으로 추력을 얻기도 했어."

"아하, 추력은 공기나 연소 가스를 뒤쪽으로 빠르게 밀어내서 얻는 힘이군요."

하늘이가 고개를 끄덕이자 라이트 형제는 함께 고개를 끄덕였다.

프로펠러가 뱅글뱅글 돌아가면 앞쪽의 공기가 뒤쪽으로 이동해. 이때 생기는 힘이 추력이야.

프로펠러

"다음으로는 아까 말했던 양력, 기억나니? 공기의 흐름을 이용해서 비행기를 하늘로 떠오르게 하는 힘 말이야."

"물론 기억하죠."

"바로 그 양력이 비행기를 날게 해 주는 가장 중요한 힘이지. 양력은 비행기 속도가 빨라지면 커지고, 속도가 느려지면 작아져. 또 날개가 커지면 양력이 발생할 수 있는 면적이 커지니까 그만큼 양력도 커지지."

하늘이는 고개를 끄덕였다.

"추력은 앞으로 나아가는 힘, 양력은 떠오르게 하는 힘…… 그럼 항력은 뭐예요?"

"글쎄, 뭘까?"

"알아맞혀 봐."

오빌이 장난스럽게 말했다.

"항…… 항상 같은 힘, 뭐 그런 거예요?"

"땡!"

라이트 형제가 낄낄 웃었다. 하늘이는 쑥스러운 듯 머리를 긁적였다.

"추력은 비행기를 앞으로 나아가게 하고 양력은 비행기를 떠오르게 하지만, 나머지 항력과 중력은 비행기가 날아가는 것을 방해해."

"앞으로 나아가고 떠오르게 하는 힘이 필요한 건 알겠는데, 방해하는 힘은 왜 필요하죠?"

하늘이가 고개를 갸웃했다.

"자, 우리 이야기를 끝까지 들어 보렴. 비행기가 앞으로 나아갈 때 공기는 비행기에 부딪히면서 앞으로 나아가는 것을 방해해."

"운동장을 달릴 때 머리카락과 옷이 뒤로 날리지? 그게 바로 항력 때문
이야. 달리는 속도가 빨라지면 항력도 커지게 되고."

"비행기는 앞으로 나아가는 속도가 빨라서 항력도 커."

"음, 비행할 때 항력이 생기면 안 좋은 거잖아요."

하늘이가 되묻자 라이트 형제는 고개를 끄덕였다.

"속도를 낼 수 없으니 그렇긴 하지."

"그래서 날개 표면을 **매끄럽게** 만들어서 항력을 줄이기도 하고, 비
행기의 모양을 유선형으로 만들기도 하지. 하지만 항력도 중요해. 이 힘이
없으면 속도를 줄일 수 없으니까."

"아, 속도를 줄여야 멈출 수도
있겠네요."

"그래, 비행기는 항력을 키워
서 속도를 줄여. 만약 항력이 없으
면 비행기는 브레이크 없는 자동차처
럼 되겠지."

하늘이는 천천히 고개를 끄덕였다.

내 몸이 유선형이라
바람의 저항을 줄여 줘.

비행기 앞부분

"마지막으로 중력은 비행기를 지구가 잡아당기는 힘이야."

중력에 대해서라면 하늘이는 언젠가 뉴턴에 대한 위인전에서 읽은 적이 있다. 사과가 땅으로 떨어지는 모습을 보고 뉴턴이 질량을 가진 모든 물체끼리는 서로 **잡아당기는 힘**이 있다는 사실을 깨달았다고 했다.

"질량이 있는 물체끼리 서로 잡아당기는 힘을 만유인력이라고 하고, 그중에서 지구가 물체를 잡아당기는 힘을 중력이라고 하는 거야."

"지구가 비행기를 잡아당기지 않으면 좀 더 쉽게 날 수 있지 않아요?"

"중력이 없다면 비행기는 쉽게 날아오를 수 있겠지만 오히려 너무 쉽게 날아올라서 우주 밖으로 **휙** 날아가 버릴지도 몰라."

"아, 지구가 잡아당기는 힘이 없으면 그렇겠네요."

"그럼, 내가 퀴즈를 하나 내야겠군."

월버는 뜸을 들이다가 곧 말을 이었다.

"비행기는 이륙해서 일정한 높이를 유지하며 비행하다가 목적지에 이르면 착륙하지. 이때 추력, 양력, 항력, 중력의 크기가 어떻게 변하는지 얘기해 보렴."

"어…… 우선 비행기가 떠오르려면 양력이 필요하고 양력이 발생하려면 추력이 필요하니까, 이륙할 때는 양력과 추력이 커야겠네요."

"하하, 제법인데. 잘 이해했군."

월버는 하늘이의 설명에 **흐뭇한** 표정을 지었다.

지구야, 나를 아래로 너무 잡아당기지 마!

헹, 고마운 줄도 모르고! 나 아니면 넌 우주 밖으로 날아가게 될 거야!

"비행기가 하늘 높이 떠올라 목적지까지 비행할 때는 일정한 높이를 유지하며 날아가지. 이땐 양력과 중력 크기가 같고, 추력이 항력보다 커."

"후유, 네 가지 힘이 나오니 복잡해요."

하늘이가 풀이죽어 말하자 오빌이 등을 토닥였다.

"익숙하지 않아서 그래. 차분히 생각해 보면 이해할 수 있어. 자, 착륙할 때는 이륙할 때와 반대라는 것만 알면 간단하지."

"그럼, 이륙할 때는 양력과 추력이 컸으니까 착륙할 때는 중력과 항력이 커야겠네요."

"맞아, 생각보다 쉽지?"

오빌과 하늘이는 마주 보며 웃었다.

수평 비행
양력과 중력의 크기가 같아야
비행기가 일정한 높이를
유지하고, 추력이 항력보다 커야
비행기가 앞으로 나아간다.

이륙
추력이 항력보다 커야 속력이
빨라지고, 양력이 중력보다 커져야
비행기가 하늘로 떠오른다.

착륙
항력이 추력보다 커야 속력이
느려지고, 중력이 양력보다 커져야
비행기가 땅으로 내려온다.

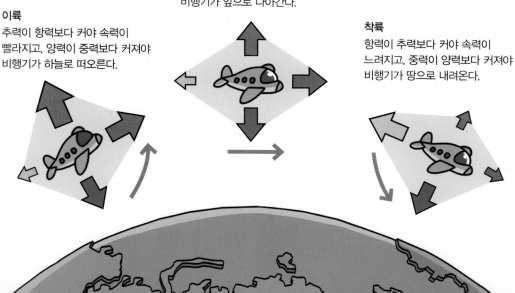

붕 떠올라라, 비행기 날개야!

재료가 필요해요!

두꺼운 도화지　가위　빨대　자　셀로판테이프　연필　실　송곳

이렇게 만들어요!

① 두꺼운 도화지를 반으로 접는다.
이때 한쪽 면의 길이가 다른
한쪽 면의 길이보다 1.5cm 정도
더 길게 접는다.

> 너무 부드러운
> 종이는 사용하지 않는
> 것이 좋아!

② 접은 부분이 완전히 접히도록
연필 뒷부분으로 몇 번 누른다.

③ 길이가 긴 면이 볼록해지도록
만든 다음, 두 면의 끝을 맞춰
셀로판테이프로 붙인다.

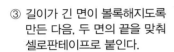

셀로판테이프

> 긴 면을
> 볼록하게
> 만들어.

④ 송곳을 이용하여 종이의 윗면과
   아랫면에 빨대를 끼울 수 있도록
   구멍을 낸다.

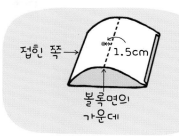

접힌 쪽 →

1.5cm

볼록면의
가운데

구멍은 휘어진
면의 가운데에서 접힌
쪽으로 1.5cm 정도
이동한 위치에 뚫어!

불쑥

⑤ 빨대를 4.5cm 길이로 잘라
   구멍에 끼운 다음, 셀로판테이프로
   고정하여 날개를 완성한다.

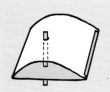

⑥ 빨대에 실을 끼운 다음, 실의
   위아래를 잡고 날개에 입으로
   바람을 분다.

입으로
부는
위치 →

실의 양끝을
잘 잡고 실을
팽팽하게 만든
다음 불어야해!

어떻게 되었나요?

날개에 입으로 바람을 불면 날개가 위로 떠오른다. 볼록한 날개 위쪽을 지나가
는 공기 흐름이 평평한 아래쪽을 지나가는 공기 흐름보다 빨라서 압력이 낮아
지기 때문이다. 비행기가 하늘로 떠오르는 원리도 비행기 날개의 위아래 모양
이 달라 공기의 압력이 달라지기 때문이다.

하늘을 나는 도전

"양력에 대해 알고 나서 바로 비행기를 만드신 거예요?"

하늘이가 라이트 형제에게 물었다.

"아니, 양력에 대해 알고 나니 사람도 하늘을 날 수 있다는 자신감을 갖긴 했지만 막상 하늘을 날기 위해서는 연구가 좀 더 필요했지."

윌버는 품에서 주섬주섬 그림을 하나 꺼냈다. 그 속에는 박쥐의 날개처럼 생긴 이상한 기구가 그려져 있었다.

"이건 케일리가 만든 글라이더야."

"글라이더는 사람들이 높은 곳에 올라 바람의 힘을 이용해 나는 기구잖아요. 아, 그게 케일리가 만든 거였구나!"

하늘이가 고개를 끄덕이자 오빌이 손가락을 가로저었다.

"아냐. 케일리는 글라이더를 하늘에 띄우기는 했지만 안타깝게도 그 글라이더는 제대로 날지 못했어."

"이후 독일의 비행기 연구가인 오토 릴리엔탈은 글라이더의 날개 모양을 연구해서 새로운 모형을 만들었지."

릴리엔탈은 새로운 날개를 장착한 글라이더를 이용해서 무려 2,000번이 넘는 활공 시험을 했단다.

1800년대에 케일리가 만든 글라이더로,
고정식 날개와 꼬리 부분으로 이루어졌다.

"릴리엔탈은 하늘을 나는데 성공했나요?"

"뭐, 반은 성공이고 반은 실패였어."

"릴리엔탈의 글라이더는 하늘을 날긴 했지만 특별한 조종 기구가 없어서 이동하는데 한계가 있었어."

"결국 릴리엔탈은 글라이더를 타고 비행하다가 추락해 죽고 말았지."

"그래도 후회는 없을 거야. 그토록 원하던 비행을 하다 죽었으니까."

라이트 형제의 말에 하늘이는 **속상한 표정**을 지었다. 하늘을 날기 위해 끊임없이 연구하고 실험했는데도, 속 시원하게 비행해 보지 못하고 사고로 죽음을 맞이했다니, 릴리엔탈의 이야기에 가슴이 아팠던 것이다.

"너무 안타까워하지 마. 그래도 릴리엔탈의 죽음이 헛되지는 않았어. 오히려 사람들에게 큰 원동력이 됐으니까."

"사람들은 어떻게든 릴리엔탈의 **꿈을 이뤄 주고** 싶었지. 그래서 어떻게 하면 오랜 시간 동안 하늘에서 비행할 수 있을까 고민했단다."

오토 릴리엔탈은 독일의
비행기 연구가로, 1891년에
사람이 탈 수 있는 글라이더를
최초로 만들었다.

"우리가 비행기를 만들려고 결심한 것도 바로 그 때문이었어."

라이트 형제는 그때가 생각난 듯 눈시울을 붉혔다.

"바로 그 무렵 비행기를 연구하던 사람들에게 새로운 아이디어를 준 게 있었지. 그건 바로 증기 기관이었어."

하늘이는 언젠가 텔레비전에서 석탄을 넣고 불태우니 증기를 내뿜으며 칙칙폭폭 달리는 기차를 보았던 것이 떠올랐다.

"증기 기관은 엄청난 증기로 기계를 움직이는 장치야. 우린 증기 기관이 거대한 기차를 움직이게 하는 걸 보고 무거운 비행기도 긴 시간 동안 날게 할 수 있지 않을까라고 생각했어."

"그래서 성공했어요?"

"결국 성공은 했지. 많은 사람들의 노력과 꿈 덕분에."

"가장 먼저 증기 기관을 이용해서 비행기를 만든 건 영국의 발명가 하이럼 맥심이었어. 그는 대형 증기 기관을 엔진으로 장착한 비행기를 만들었지."

"맥심의 비행기는 활주로를 달리기 시작했지만 증기 기관이 너무 무거워서 하늘 높이 떠오르지 못하고 부서졌어."

"그리고 얼마 뒤에 미국의 새뮤얼 랭글리라는 발명가가 동력 엔진을 장착한 비행기를 만들어 하늘에 띄우는 데 성공했어. 그 비행기의 이름은 에어로드롬이었지."

"그럼 라이트 형제가 최초의 비행기

어휴, 아까워라. 내 돈들……

맥심

맥심은 증기 기관을 이용해 비행기를 만들었지만 너무 무거워서 비행이 어려웠다.

흠, 사람이 탈 수 있다면 좋을텐데……

랭글리

랭글리의 에어로드롬은 두 쌍의 날개 사이에 달린 프로펠러를 움직여 하늘을 날았다.

를 만든 건 아니었네요?"

"말을 끝까지 들어야지. 에어로드롬은 하늘을 나는 데 성공했지만 사람을 태우고 하늘을 날지는 못했어."

에어로드롬은 비행기 무게에 사람 몸무게까지 더하고는 날 수가 없었고, 결국 랭글리는 무인 비행을 최초로 성공한 사람이 되었다고 했다.

"이후 어떤 사람들은 무거운 엔진을 넣은 비행기 말고 공기처럼 가벼운 비행기를 만들어 보려고 했지."

"그런 것도 있어요?"

"공기보다 가벼운 기체를 **잔뜩 채워서** 하늘로 떠오르게 만든 기구가 있잖아. 비행선! 독일의 과학자 체펠린은 비행선을 만들었지."

"비행선은 하늘을 날았어요?"

"날긴 날았지만 속도가 너무 느리고 바람만 불면 방향이 바뀌어서 비행이 쉽지 않았어."

"뭐, 그래도 비행선은 꾸준히 발전해서 1919년 사람을 태우고 대서양을 횡단하는데 성공했어."

"체펠린이 해낸 건가요?"

"아쉽게도 그가 죽고 나서 이루어진 일이었어."

내 비행선 어때?

체펠린

체펠린은 가벼운 금속으로 뼈대를 만들고 안에 수소를 채워서 비행선을 만들었다.

하늘이는 라이트 형제가 언제쯤 비행기를 만들었는지 궁금해졌다.

"그럼 두 분은 언제 비행기를 만든 거예요?"

"체펠린이 독일에서 비행선을 만들고 있을 무렵, 우린 미국에서 동력 비행기를 개발하고 있었단다."

"우리는 실패한 발명가들의 기록을 분석해서 실험을 거듭하던 끝에 플라이어 1호를 완성했지. 그게 1903년의 일이야."

"와, 플라이어 1호는 하늘을 얼마나 날았나요?"

라이트 형제는 최초의 동력 비행기인 플라이어 1호로 약 12초 동안 하늘을 36m 날았다며 자랑스럽게 말했다. 하늘이는 플라이어 1호 얘기를 듣고 몹시 **실망스러웠다.**

"겨우 그걸 날았다고 할 수 있는 거예요?"

"비행기라고 만든 것들이 눈 깜짝할 사이에 공중에서 아래로 툭 떨어지던 때를 생각해 봐."

"우린 비록 12초를 날았지만 마치 12시간을 나는 것처럼 황홀했지."

플라이어 1호는 프로펠러와 한 쌍의 날개가 있고 가운데에 엔진이 있는 비행기로,
1903년 12월 17일 오빌 라이트를 태우고 최초의 비행에 성공했다.

그 후 라이트 형제는 엔진과 프로펠러를 연구해서 더 먼 거리를 날 수 있는 비행기 플라이어 2호와 플라이어 3호를 잇따라 만들었다고 했다.

"이번엔 얼마나 날았는데요?"

"놀라지 마. 플라이어 3호는 무려 38분이나 하늘을 날았어."

"와!"

산투스 두몽은 상자 모양의 연이 비행하는 원리를 이용해서 14-BIS의 날개를 상자 모양으로 만들었다.

"우리 비행기가 하늘을 날았다는 소식을 듣고 브라질의 발명가 산투스 두몽이 동력 비행기를 만들었지."

"그 모양만 생각하면 지금도 웃겨."

라이트 형제는 얼굴이 **벌게져서** 낄낄거렸다.

"어떻게 생겼는데요?"

"산투스 두몽이 만든 동력 비행기 14-BIS는 양 날개가 상자 여러 개를 이어붙인 것처럼 생겼지."

윌버는 14-BIS가 처음에 약 60m의 거리를 나는 데 성공했고, 그로부터 3주 후에는 무려 220m나 되는 거리를 날았다고 했다. 덕분에 14-BIS는 유럽 최초로 동력 비행에 성공한 비행기가 되었단다.

그 후 여러 나라 발명가들이 계속해서 더 잘 날 수 있는 비행기를 연구했다고 한다. 그래서 비행기의 모양은 바람의 저항을 덜 받도록 점차 유선형이 되었고, 점점 오랫동안 하늘을 날 수 있게 되었단다.

비행기의 눈부신 발전

"음, 비행기가 본격적으로 발전하게 된 결정적인 사건이 있었지."

"그게 뭔지 아니?"

윌버와 오빌이 동시에 물었다.

"글쎄요. 뭔데요?"

"그건 바로…… 제1차 세계 대전이었어."

하늘이의 눈이 휘둥그레졌다. 전쟁 때문에 비행기가 발달했다니, 상상도 못한 일이다.

"세계 여러 나라들은 전쟁에서 승리하기 위해 앞다투어 성능이 좋은 비행기를 만들려고 애썼지."

"미국 정부에서도 엄청난 돈과 재료를 대 주었어. 덕분에 많은 사람들이 비행기를 연구했고, 안정적인 엔진을 장착한 비행기를 만들게 되었단다."

하늘이는 비행기를 사랑해서 연구한 많은 사람들의 비행기가 전쟁에서 무기로 사용되었다고 생각하니 마음이 아팠다.

"전쟁 중에 미국 더글러스사에서 만든 DC-3 비행기는 32명의 승객을 태우고, 시속 341km로 최대 1,848km의 거리를 날아갔어."

"정말 눈 깜짝할 사이에 비행

더글러스사의 DC-3
대형 수송 비행기의 시초로 '하늘을 나는 기차'라는 별명을 가지고 있다.

기가 발전했네요."

"그래, 필요는 발명의 어머니란 말도 있잖니. 이전까지만 하더라도 몇몇 사람들이 자기 돈을 들여 만들었는데, 전쟁에서 이기기 위해 국가가 나서서 비행기 개발에 **앞장선** 거지."

DC-3가 개발된 후 세계 여러 나라는 경쟁적으로 더 빠르고 더 튼튼하며 더 많은 사람과 짐을 실을 수 있는 비행기를 만들게 되었다고 했다.

"그리고 1939년 독일에서는 세계 최초로 제트기를 만들었어."

"제트기는 엄청 빠른 거죠?"

"그래, 제트기는 제트 엔진을 사용해 하늘을 나는 비행기야."

"두 분도 제트기를 만들었어요?"

하늘이의 질문에 라이트 형제의 **표정이 어두워졌다.**

"아니, 우리 형은 1912년 장티푸스에 걸려서 죽었어. 형이 죽고 나서 나는 혼자 비행기를 연구했지. 하지만 재미가 없더라고. 그렇게 난 시큰둥하니 비행기를 연구하다 1948년 죽음을 맞이했지."

아니, 어떻게 이렇게 빨리 날 수 있지?

제트 엔진

그건 바로 제트 엔진 덕분이지! 그래서 제트기가 빠른 거라고!

보잉사의 B-787
2011년 첫 비행을 시작하였고 '드림라이너'라는
별명을 지닌 미국 보잉사의 여객기이다.

라이트 형제가 죽음을 맞이한 후인 1949년, 영국 드 해빌랜드사가 대형 제트 여객기 COMET 1호를 만들었다. COMET 1호는 시속 780km로 비행할 수 있는 획기적인 비행기였다. 그 후 1초에 약 340m를 움직이는, 소리보다 빠른 음속 제트기, 레이더에 포착되지 않는 스텔스 전투기 등 최신 비행기가 잇따라 개발되었다고 했다.

"우리의 뒤를 이어 많은 과학자들이 지금도 **최첨단 비행기**를 만들기 위해 노력하고 있지."

"적은 양의 연료로 더 먼 거리를 날 수 있고, 한 번에 많은 승객을 태울 수 있으면서 운영비도 적게 들어가는 B-787, A-380 등과 같은 여객기도 그렇게 개발된 거야."

"요즘에는 조종사가 탑승하지 않고 지상에서 원격으로 조종하는 무인 비

무인 비행선 비아 50

해양 오염 탐지

행선도 개발되었더군."

"무인 비행선은 어디에 쓰여요?"

"조종사가 탑승하지 않아도 되니까 사람이 접근하기 어려운 방사능 오염 지역이나 기상 이변 지역, 생태 조사가 필요한 바다까지 모든 곳을 오가며 관찰하고 측정하지."

"와, 비행기가 여러 분야에서 다양한 임무를 수행하네요."

하늘이의 말에 라이트 형제는 자랑스러운 듯 눈을 찡긋했다.

"비행기를 비롯한 항공기의 역사는 불과 100여 년밖에 되지 않았지만 눈부실 정도로 빠르게 발전해 왔어."

"머지않아 동체와 날개가 일체형인 항공기나 태양 에너지를 이용해서 하늘을 날 수 있는 항공기도 개발되겠지. 속도도 더 빨라질 거고."

"비행기의 발전은 끝이 없네요."

하늘이는 감탄하지 않을 수 없었다.

기상 관측 업무

산불 감시

무선 통신

대기 오염 감시

해류와 파고 측정

도시 계획

45

한눈으로 보는 비행의 역사

1400년대
다빈치가 하늘을 나는
기구를 설계하다.

1783년
몽골피에 형제가 열기구
비행에 성공하다.

1842년
헨슨이 하늘을 나는
증기차 고안 특허를 내다.

1800년대 케일리가
글라이더를 발명하다.

1900년대
체펠린의 비행선이
하늘로 뜨다.

1800년대
릴리엔탈이 무동력 글라이더를
타고 비행에 성공하다.

1903년
라이트 형제의 플라이어 1호가
동력 비행에 최초로 성공하다.

1908년
데크빌이 원형 비행기를
발명하다.

1927년
린드버그가 비행기를 타고
대서양을 건너다.

1909년
블레리오가 비행기를 타고
세계 최초로 도버 해협을
건너다.

1939년
독일에서 제트기를 만들고
비행에 성공하다.

1940년대
독일에서 근대 로켓
V-2호를 개발하다.

1947년
미국의 벨 X-1이
사람을 태우고 최초로
음속 비행을 하다.

1957년
러시아에서
최초의 인공위성
스푸트니크 1호를
발사하다.

1969년
미국에서 발사한
아폴로 11호가
달에 착륙하다.

1981년
미국에서 최초의
우주왕복선을 발사하여
우주선 시대가 열리다.

Q | 몽골피에 형제의 열기구는 어떻게 떠올랐을까?

A | 몽골피에 형제는 뜨거운 공기를 크고 가벼운 주머니에 모으면 주머니가 하늘로 떠오른다는 사실을 발견했다. 이것은 뜨거운 공기의 밀도가 작아서 위로 올라가기 때문에 일어나는 현상이다. 밀도는 부피가 클수록 작아지는데, 공기가 뜨거워지면 부피가 커져서 밀도가 작아지게 된다.

1783년 6월, 몽골피에 형제는 밀짚과 양털을 태워 커다란 주머니에 뜨거운 공기를 채웠고, 이 열기구는 하늘로 약 1,000m 정도 떠올라 10분 정도 머물렀다가 땅으로 내려왔다.

Q | 비행기 날개는 왜 위쪽이 불룩할까?

A | 비행기 날개는 위쪽이 불룩하고 아래쪽이 평평한 모양이다. 그림과 같이 비행기 날개 위쪽이 불룩해야 비행기가 앞으로 나아갈 때 날개 위쪽 공기가 아래쪽 공기보다 빠르게 움직이면서 양력이 발생하여 날개를 위로 올려 준다. 따라서 비행기 날개는 양력이 잘 생기도록 위쪽은 불룩하고 아래쪽은 평평하게 만든다.

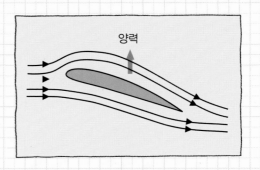

양력

| 최초로 사람을 태우고 동력 비행에 성공한 비행기는 무엇일까?

A | 오래전부터 사람들은 하늘을 날고 싶은 꿈을 갖고 있었고, 끊임없이 노력해 왔다. 날개를 달고 높은 곳에서 뛰어내리는 도전부터 사람이 탈 수 있는 글라이더까지 다양한 비행 기구를 만들었다. 이때까지는 추진 장치 없이 바람을 이용해서 하늘을 날았다.

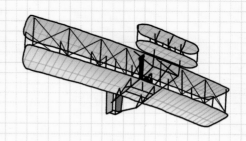

이후 사람을 태우고 최초로 동력 비행에 성공한 비행기는 라이트 형제가 만든 플라이어 1호였다. 라이트 형제는 짧은 시간이지만 사람을 태운 비행기로 1903년 최초의 동력 비행에 성공했다.

Q | 비행기가 날 때 필요한 네 가지 힘은 무엇일까?

 | 비행기가 날 때는 양력, 추력, 항력, 중력이 필요하다. 양력은 비행기를 위로 떠오르게 하는 힘으로, 비행기 날개에서 생긴다. 추력은 비행기를 앞으로 나아가게 하는 힘으로, 주로 엔진의 힘으로 생긴다. 항력은 추력과 반대 방향으로 작용하는 힘으로 속도를 늦추거나 착륙할 때 중요한 힘이다. 중력은 지구가 비행기를 끌어당기는 힘으로 비행기가 일정한 높이에서 날기 위해 필요하다.

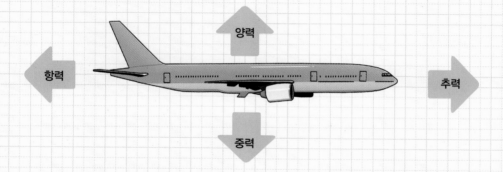

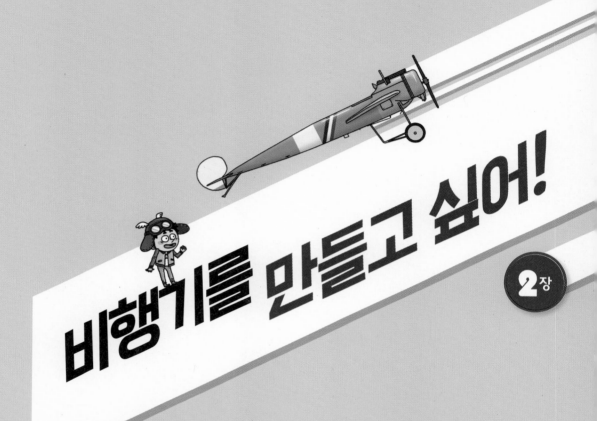

비행기를 만들고 싶어!

2장

비행기를 샅샅이 살펴라

"하늘아, 어떠니? 우리의 이야기가."

윌버가 고개를 **바짝** 들이밀었다.

"비행기를 만들었던 사람들이 부러워요. 저도 커서 비행기를 만들어 보고 싶어요."

"비행기를 만드는 게 쉬운 일인 줄 아나 본데, 비행기에 대해서 잘 모르면 절대 불가능해!"

"비행기를 만들려면 여러 가지 기술과 공학이 필요해. 아무나 쉽게 만들 수 있는 게 아니라고. 포기해, 포기."

라이트 형제는 하늘이를 비웃으며 놀리듯 말했다. 그 말에 하늘이의 입이 **삐죽** 튀어나왔고, 눈에는 눈물이 **그렁그렁** 차올랐다. 그 모습을 본 라이트 형제는 하늘이를 물끄러미 바라봤다.

"형, 우리도 예전에 저랬잖아."

"그랬지, 모두가 비행기를 못 만들 거라며 우리를 비웃었지."

"우리가 하늘이를 도와주자!"

둘은 서로 손을 맞잡고 눈빛을 교환하더니 하늘이에게 말했다.

"좋아. 우리가 비행기 만드는 걸 도와줄게, 용기를 내!"

"그나저나 넌 어떤 비행기를 만들고 싶어?"

라이트 형제가 묻자 하늘이는 그림을 그려서 보여 줬다.

"전 이렇게 생긴 비행기를 만들고 싶어요. 이름은 드래곤 파이터예요. 어때요?"

"으하하, 이런 우스꽝스러운 모양의 비행기는 처음 봐."

"킥킥, 머리는 크고 가운데는 파도처럼 **꿈틀꿈틀하고**, 꼬리 부분에 이 부채처럼 생긴 날개는 또 뭐야?"

라이트 형제는 눈물까지 흘리며 한바탕 웃었다.

"너, 비행기를 타 본 적 없어?"

"있어요. 두 번쯤?"

하늘이가 눈을 **또르륵** 굴리며 대꾸하자 라이트 형제는 손바닥으로 이마를 탁 치더니 말했다.

"맙소사! 그런데 비행기의 '비' 자도 모르잖아."

"비행기엔 날개랑 엔진만 있으면 되잖아요."

하늘이가 볼멘소리를 하자 라이트 형제가 코웃음을 픽 쳤다.

"이봐, 조수. 비행기는 그렇게 간단한 게 아니야. 동체와 날개는 물론이고, 착륙 장치, 동력 장치, 연료 탱크도 필요해."

하늘이는 눈만 깜빡거렸다.

"안 되겠군. 이리 와 봐."

윌버가 손뼉을 짝 쳤다. 그러자 눈앞에 아주 거대한 비행기 모형이 나타 났다. 윌버는 손으로 비행기의 몸통을 가리켰다.

"이걸 동체라고 해. 동체는 비행기의 몸통인 셈이지. 동체에는 주 날개, 꼬리 날개, 동체 바퀴 등이 붙어 있어."

"동체는 공기의 저항을 줄이도록 매끄러운 유선형으로 만들어."

하늘이는 동체를 물끄러미 바라보았다. 동체에는 승무원과 승객이 탑승 하고 화물을 실을 수 있는 공간이 있었다.

"비행기의 동체는 보통 2~3층으로 이루어져 있는데, 주로 1층이 화물 을 싣는 화물실이고, 2층부터는 승객들이 탈 수 있는 승객실이지. 동체의 맨 앞에는 조종실이 있고, 조종실에는 비행기를 안전하게 조종하기 위해 무려 200가지가 넘는 조종 장비들이 설치되어 있단다."

신경질적으로 말하던 오빌이 웬일로 차근차근 설명해 주었다.

"전부터 궁금했는데 꼬리 날개는 꼭 저렇게 생겨야 해요?"

하늘이가 묻자 윌버가 수직 모양의 꼬리 날개를 툭 가리켰고, 오빌은 수평 모양의 꼬리 날개를 툭툭 쳤다.

"꼬리 날개는 비행기가 자세를 안정적으로 유지하면서 날 수 있도록 도 와주지. 이게 없으면 비행기가 기우뚱할지도 몰라."

하늘이는 고개를 끄덕였다.

"그런데 비행기 연료는 어디에 저장하나요?"

"대부분의 비행기는 연료 탱크가 주 날개에 있어."

오빌은 날개에는 연료 탱크만 있는 게 아니라고 했다. 비행기의 주 날개 는 양력을 만드는 곳이자 조종에 필요한 장치가 있는 곳이라고 했다.

"비행기는 복잡한 과학의 집결체라 할 수 있어!"

"암, 그렇고 말고. 그러니까 우리가 정말 대단한 거지."

윌버와 오빌은 서로 눈을 마주치며 고개를 끄덕였다.

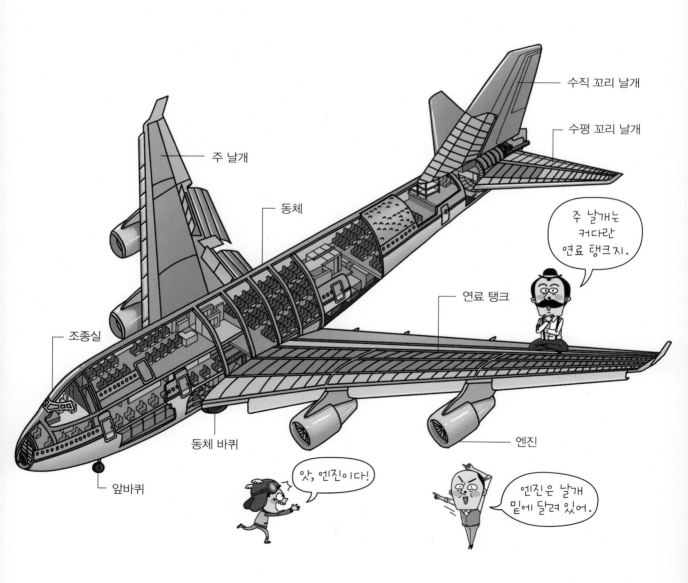

수직 꼬리 날개

수평 꼬리 날개

주 날개

동체

주 날개는 커다란 연료 탱크지.

연료 탱크

조종실

동체 바퀴

앞바퀴

엔진

앗, 엔진이다!

엔진은 날개 밑에 달려 있어.

비행기의 재료는 특별해

"비행기는 뭘로 만들게?"

"쇳덩이…… 아닌가요?"

윌버가 단번에 고개를 가로저었다.

"비행기 재료는 가벼우면서도 **튼튼해야 해.** 주로 알루미늄 합금, 타이타늄 합금, 특수강, 플라스틱으로 비행기를 만들지."

"처음 듣는 이름도 있고 어려워요."

"그래, 익숙하지 않은 재료들일 거야. 근데 이건 이름이 좀 재미있어."

오빌은 손끝으로 허공을 가리켰다. 그러자 공중에서 볼트처럼 생긴 것이 툭 떨어졌다.

"이건 두랄루민이라는 거야. 두랄루민은 강철처럼 **강하지만** 무게는 강철의 $\frac{1}{3}$ 이야. 하지만 두랄루민은 열에 약하다는 단점이 있어."

두랄루민으로 만든 비행기 부품이 많아.

SR-71 비행기는 미국의 초고속 정찰기로 고온에
견딜 수 있도록 대부분 타이타늄으로 만든다.

"하늘을 나는데 굳이 열에 강할 필요가 있나요?"

"모르는 소리! 비행기 속도가 빠르면 빠를수록 공기와의 마찰 때문에 표면 온도가 높아져."

"자칫하면 비행기가 하늘을 날다가 통닭구이가 될 수도 있겠네요."

"**킥킥,** 걱정 마. 그래서 열에 더 강한 재료를 찾았으니까. 그건 타이타늄인데 열에 매우 강한 것이 특징이야."

"하지만 가격이 비싸고 가공하기가 어려워 꼭 필요한 곳에만 사용하지."

"타이타늄은 쉽게 볼 수 없는 금속인가 봐요."

하늘이가 말하자 윌버는 고개를 **가로젓더니** 손뼉을 짝 쳤다. 그러자 아빠의 안경테랑 골프채가 나타났다.

"이게 바로 타이타늄으로 만든 것들이야."

"어, 이건 우리 아빠 건데!"

"그래, 타이타늄 안경테는 휘어지거나 늘어나지 않기 때문에 인기가 좋지. 골프채는 아주 튼튼해서 인기가 좋고."

하늘이는 집에서 볼 수 있는 금속으로 비행기를 만든다니 놀라웠다.

비행기의 재료인
타이타늄으로
안경테랑 골프채도
만드는구나.

57

강한 엔진이 필요해

하늘이가 뭔가 골똘히 생각하더니 말했다.

"비행기를 만들려면 타이타늄으로 만든 안경테랑 골프채를 잔뜩 모아 오면 되나요?"

"그것만으로는 부족해."

"그럼 뭐가 더 필요한데요?"

"특수한 재료로 비행기 동체를 가볍게 만들어도 엔진의 힘이 약하면 안 돼. 비행기가 날아오르기 충분한 추력을 얻지 못하잖아."

"엔진……!"

하늘이는 눈을 반짝였다.

"1903년 우리 라이트 형제가 플라이어 1호에 장착한 엔진은 바로 피스톤 엔진이었어."

"피스톤 엔진이란 실린더 안에서 일어나는 폭발의 힘으로 피스톤을 위아래로 반복해서 움직이고, 그 피스톤의 움직임에 따라 크랭크축이 회전 운동하는 것을 말하지."

"피스톤 엔진을 지금도 사용해요?"

하늘이가 묻자 오빌은 추억이 떠오른 듯 아련한 표정을 지었다.

"아, 피스톤 엔진은 구조가 복잡하고 무거워서 비행기에 장착하기 어려워. 우린 다른 엔진이 개발되기 전이라 어쩔 수 없이 사용했지만."

"빠른 속도를 내는데도 한계가 있었지."

"또 사용할 때마다 엔진에 무리가 많이 가서 날마다 수리를 했어."

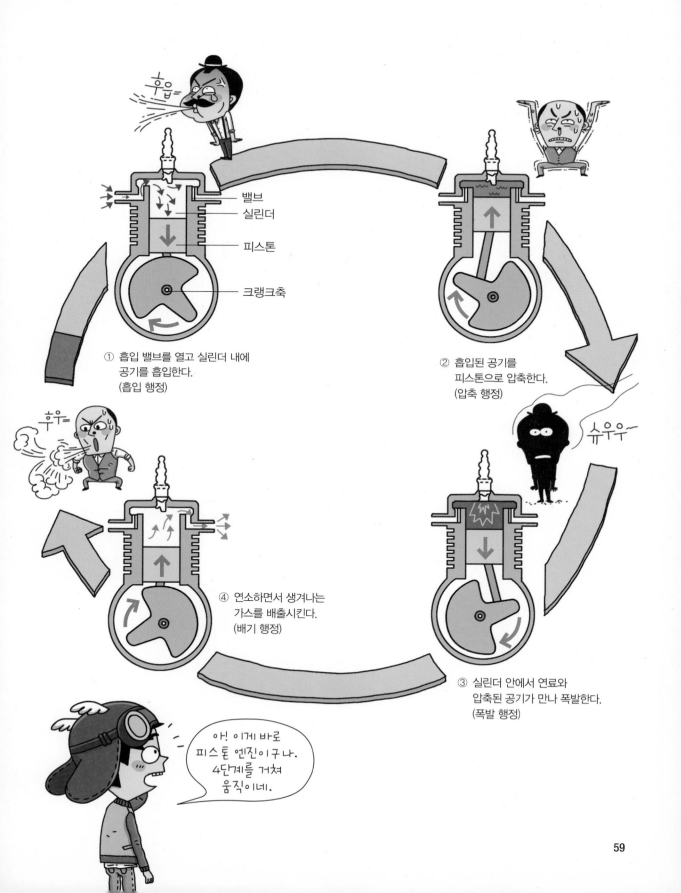

① 흡입 밸브를 열고 실린더 내에
   공기를 흡입한다.
   (흡입 행정)

② 흡입된 공기를
   피스톤으로 압축한다.
   (압축 행정)

③ 실린더 안에서 연료와
   압축된 공기가 만나 폭발한다.
   (폭발 행정)

④ 연소하면서 생겨나는
   가스를 배출시킨다.
   (배기 행정)

밸브
실린더
피스톤
크랭크축

아! 이게 바로
피스톤 엔진이구나.
4단계를 거쳐
움직이네.

날개 아래에 제트 엔진이 있어!

제트 엔진

제트 엔진은 공기를 흡입해 연료를 연소시켜 고온의 가스를 분출시키고
그 반작용으로 추진력을 얻는다.

"고생이 많았지, 그땐!"

"별로 안 좋은 엔진인가 보네요."

하늘이의 말에 라이트 형제가 눈살을 찌푸렸다.

하늘이는 뜨끔해서 얼른 고개를 돌렸다.

"이후 사람들은 더 빠르고, 더 튼튼한 엔진을 연구하기 시작했어."

"당연히 그랬겠죠. 날마다 엔진 수리를 하고 싶지는 않았을 테니까."

"너! 정말 계속 그럴래?"

"끼어들어 죄송해요. 피스톤 엔진도 대단하다는 거 알아요."

하늘이가 너스레를 떨었다.

"아무튼 그렇게 해서 1930년대에 만들어진 게 바로 제트 엔진이야."

"아까 말한 제트 엔진이군요. 제트 엔진은 로켓이 날아갈 때처럼 엄청난
양의 가스를 뒤로 내뿜는 거죠?"

"그래, 로켓에 장착된 엔진도 제트 엔진의 한 종류이지."

"제트 엔진은 누가 만들었어요?"

"제트 엔진은 영국의 프랭크 휘틀이 최초로 개발했어. 하지만 제트 엔진을 달고 최초로 비행에 성공한 건 독일의 폰 오하인이지."

라이트 형제는 **담담하게** 이야기를 이어 갔다.

"제트 엔진은 속도의 제약이 없고 추력이 강해서 고속으로 비행할 수 있어. 큰 장점이지. 음속으로 하늘을 날 수 있는 음속 비행기나 여러 가지 우주 장비의 개발도 모두 제트 엔진 덕분에 가능했고."

"하지만 제트 엔진이 다 좋은 건 아니야! 제트 엔진은 공기를 빨아들여야 해서 공기가 있는 대기권에서만 사용할 수 있지. 그래서 우주로 가는 로켓은 연료와 함께 산소를 내장하고 있어."

"제트 엔진 개발도 중요하지만, 비행기에 있어 우리를 잊으면 안 돼!"

라이트 형제는 **힘주어** 말했다.

비행기를 만들기까지

"비행기가 얼마나 복잡한 기계인지 이제 알겠지?"

"이렇게 복잡하고 어려운 기계를 바로 우리가 만들어 냈다고!"

흠, 어떤 모양의 비행기를 만들까?

오빌은 자신을 가리키고는 엄지손가락을 치켜올렸다.

"대, 대단하시네요."

"비행기는 재료만 있다고 만들 수 있는 건 아니야."

"맞아, 비행기를 만들려면 먼저 비행기의 움직임, 기능, 목적 등에 따라 비행기의 겉모양을 결정해야 해."

"손님을 많이 태울 건데 빠르기만 한 비행기를 만들 순 없잖아."

윌버는 비행기를 만들려면 상세 설계를 통해 비행기의 내부 구조를 설계하고, 부품들을 배치해야 한다고 했다.

"이때 동체의 재료, 날개, 엔진, 착륙 장치 등 다양한 내부 설계가 이뤄져야 하지."

동체의 재료로 무엇을 사용할까?

엔진은 어떤 걸로 하지?

어떤 부품을 사용할까?

"상세 설계를 바탕으로 비행기의 각 부품을 제작했다면……."

"바로 비행기를 만드나요?"

하늘이가 끼어들자 라이트 형제는 몹시 **불쾌한** 표정을 지었다.

"죄송해요. 앞으론 말할 때 듣기만 할게요."

"조수야. 갑자기 네가 아주 건방져 보이는구나."

"조심하도록 해."

따끔하게 말한 윌버는 다시 설명을 시작했다.

"바로 비행기를 만들면 좋겠지만 **어마어마한** 돈이 들어가는 작업이니 신중해야지. 그래서 시험용으로 비행기를 만들어. 이때 각 부품의 안전성을 하나하나 점검하고, 여러 가지 시험을 통해 문제점을 찾아낸단다."

시험용 비행기가 잘 만들어졌군!

부품의 안전성을 잘 점검합시다.

오빌은 이 모든 과정이 끝나면 실제로 비행기를 만들게 된다고 했다.

"그리고 마지막으로 모든 비행 자세에서 비행기가 안전한지 확인하는 시운전을 하지. 이때 시운전을 할 수 있는 건 특수 훈련을 받은 조종사뿐이야."

"세상에 쉬운 일은 없지."

라이트 형제는 거들먹거리며 스스로 치켜세웠다.

드디어 시운전이네. 비행기가 잘 날아야 할 텐데!

비행기의 종류는 다양해

여객기
여행하는 사람들을 태워 나른다.

공격기
목표물을 정하여 수색하고
발견하여 공격한다.

"그동안 비행 기술이 계속 발달했으니 비행기 종류도 더 많아졌겠죠?"

"물론이지."

라이트 형제가 하늘이의 머리카락을 하나 뽑아 **후 불자** 눈 깜짝할 사이에 비행기 여섯 대가 나타났다. 하늘이가 늘 보았던 비행기도 있었고, 조금 다르게 생긴 비행기도 있었다.

"비행기는 크게 민간용 비행기와 군용 비행기로 나뉜단다. 민간용 비행기는 일반인들이 타고, 군용 비행기는 군사적 목적으로 사용하지."

"공항에서 흔히 볼 수 있는 여객기는 대표적인 민간용 비행기인데, 여행하는 사람들을 태워 나르지."

화물 수송기
주로 물건을 실어 옮긴다.

초계기
공중을 비행하면서 경계와
정찰 임무를 수행한다.

폭격기
폭탄을 탑재하고 폭격하여
적의 시설을 파괴시킨다.

수송기
군사 물자를 수송하는
임무를 수행한다.

"저도 여객기를 타 본 적이 있어요."

"그래. 우리가 해외로 나갈 때는 여객기를 이용하지. 또 화물을 싣는 화물 수송기, 사람과 화물을 함께 운반하는 화객 겸용 수송기가 있어."

"군용 비행기는 각각의 임무에 따라 그 이름이 달라진단다. 예를 들어 공격을 전담하는 비행기는 공격기라고 하고, 폭탄을 싣고 폭격을 전문으로 하는 비행기는 폭격기라고 불러. 또 군사 물자의 수송을 전담하는 비행기는 수송기라고 해."

"**우아**, 비행기의 용도가 다양하네요."

"또 경계와 정찰 임무를 하는 초계기도 있단다."

"민간용과 군용 말고 또 비행기를 구분하는 기준이 있어. 그게 뭐게?"

"글쎄요. 크기? 아니면 색깔?"

"물론 그것도 가능하지만 좀 특이한 구분이 있어. 바로 비행기의 주 날개가 어디에 달려 있느냐야."

"날개의 위치에 따라 비행기를 구분한다고요?"

"그래, 잘 봐."

월버는 종이를 펼쳐 **재빠르게** 그림을 그렸다. 오빌은 그 위에 꼼꼼하게 색칠을 했다.

"와, 비행기 만드는 것만 잘하는 게 아니라 그림도 잘 그리시네요."

"그럼, 우린 비행기에 대해서라면 못하는 게 없지."

하늘이는 세 개의 비행기를 하나씩 살펴보았다.

"날개가 동체 위에 붙어 있는 비행기를 고익기라고 해. 양력을 발생시키는 날개가 비행기의 무게 중심보다 위에 있기 때문에 안정적으로 비행한다는 장점이 있지."

"하지만 재빨리 속도를 바꾸기는 어렵단다. 요즘에는 고익기가 주로 물 위를 달려 뜨고 내리는 수상 비행기로 사용되지. 동체가 보트의 몸체처럼 물 위에 뜨기 때문이야."

"저익기는 날개가 동체 아래에 붙어 있어. 저익기는 빠른 속도로 움직일 수 있고, 비행하는 자세를 쉽게 바꿀 수 있어. 그리고 날개가 아래쪽에 있어서 조종사의 시야를 넓혀 주지."

하늘이는 비행기의 날개가 붙은 위치를 **유심히** 보았다.

"중익기는 날개가 동체의 중간에 붙어 있어. 고익기와 저익기의 중간 형태지. 날개 아래에 미사일이나 폭탄 등을 쉽게 장착할 수 있어."

"하지만 양쪽 날개가 하나로 연결되어 있지 않아서 비행기를 만들 때 양쪽 날개를 동체에 튼튼하게 붙이는 것이 중요해."

"비행기 종류가 참 다양하지?"

하늘이는 고개를 끄덕였다.

비행기 날개의 위치에 따라 장점이 달라!

고익기
날개가 동체 위쪽에 붙어 있다. 안정적으로 날 수 있어 수송기에 많이 쓰인다.

저익기
동체 아래에 주 날개가 붙어 있다. 빠른 속도로 움직일 수 있어서 기동성이 좋다.

날개가 어디에 달려 있는지 잘 봐!

중익기
동체 중간에 주 날개가 붙어 있다. 고익기와 저익기의 장점을 모두 갖추고 있다.

두구두구 헬리콥터의 비밀!

헬리콥터는 일반적인 비행기와 모습이 다르지만 양력을 이용해 하늘을 나는 항공기이다.

헬리콥터에는 폭이 좁고 긴 날개가 동체 위에 달려 있다. 이것을 로터라고 한다. 헬리콥터는 로터가 돌아가는 힘으로 하늘을 난다.

헬리콥터의 형태는 레오나르도 다빈치의 그림에 아주 잘 나타나 있다.

헬리콥터는 비행의 역사상 제일 먼저 떠오른 아이디어였다.

물론 당시에는 하늘을 나는 기구를 만들 수 있는 기술이 없었기 때문에 실제 만드는 것은 불가능했다.

1900년 이전에는 헬리콥터가 별로 빛을 보지 못했다. 헬리콥터를 들어올릴 수 있는 강력한 엔진이 없었기 때문

꼬리 회전 날개

꼬리 회전 날개는 헬리콥터의 방향을 조종해!

수평 안정판

수평 안정판이 헬리콥터의 수평을 맞추는구나.

다빈치가 상상하여 그린 헬리콥터 그림이다.

이다. 1907년 사람이 탄 헬리콥터가 수직 이륙에 성공한 이후 발전을 거듭하여 1930년에야 완전한 헬리콥터의 비행이 가능해졌다.

그렇다면 주 날개가 있는 비행기와 헬리콥터는 무엇이 다를까? 헬리콥터는 로터를 돌려서 얻은 양력과 추력으로 땅에서 바로 수직으로 날아오르거나 땅으로 내려올 수 있다.

그래서 활주로가 없는 좁은 공간이나 산에서도 이착륙이 가능하다.

헬리콥터는 속도가 느리다는 단점이 있지만, 전진과 후진이 가능하고 공중에서 한곳에 정지해 있을 수 있는 장점이 있다. 그래서 헬리콥터는 비상 상황에서 사람을 구조하거나 환자를 수송하고, 산불이 났을 때 화재를 진압하는 등 다양한 목적으로 널리 이용되고 있다.

로터를 돌려서 양력을 얻어!

로터(회전 날개)

조종석

조종사가 여기에서 헬리콥터를 조종해!

착륙 바퀴

착륙 바퀴

 비행기 몸통은 왜 유선형일까?

비행기 몸통은 대부분 매끄러운 유선형이다. 그 이유는 비행기가 빠른 속도로 날아갈 때 공기의 저항을 줄이기 위해서이다. 비행기의 몸통을 동체라고 하는데, 조종사가 있는 조종실에서부터 꼬리 날개로 이어지는 동체 부분이 마치 고래 모양과 같은 매끄러운 유선형으로 되어 있다. 고래도 몸통이 유선형이어서 바닷속에서 바닷물의 저항을 적게 받으며 헤엄쳐 다닐 수 있다.

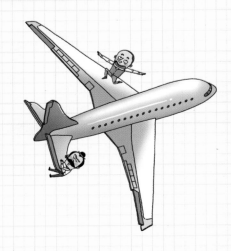

 비행기는 어떤 재료로 만들까?

 비행기를 만드는 재료는 가볍고 튼튼해야 한다. 중력의 영향을 적게 받으려면 무게를 줄여야 하고, 그러기 위해 가벼운 재료를 사용해야 한다. 또한 안전을 위해 튼튼해야 하고, 외부에서 어떤 힘을 가해도 쉽게 모양이 변하지 않고, 변하더라도 원래의 상태로 돌아가려는 성질이 강해야 한다. 이런 성질을 가진 재료인 알루미늄 합금, 타이타늄 합금, 특수강, 플라스틱, 두랄루민 등이 비행기의 재료로 사용된다.

Q 비행기를 만들려면 어떤 과정이 필요할까?

A 비행기를 만들 때에는 가장 먼저 비행기의 움직임, 기능, 목적 등에 따라 비행기의 겉모양을 결정한다. 겉모양을 결정한 후에는 이를 바탕으로 비행기 내부 구조를 설계한다. 설계가 완성되면 각 부품의 안전성을 점검하기 위해 시험용 비행기를 만들어 각 부분의 작동 상태를 충분히 시험한다. 마지막으로 훈련을 받은 조종사들이 비행기를 타고 시험 운전을 하여 비행기가 안전한지를 확인하는 단계를 거쳐 비행기가 만들어진다.

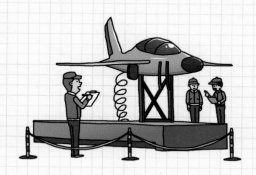

Q 비행기는 주 날개의 위치에 따라 어떻게 나눌까?

A 비행기는 주 날개가 동체의 어느 부분에 붙어 있는지에 따라 고익기, 저익기, 중익기로 나뉜다. 고익기는 비행기 동체의 위에 주 날개가 붙어 있는 비행기로, 안정적으로 날 수 있다. 저익기는 동체의 아래에 주 날개가 붙어 있는 비행기로, 비행하는 자세를 쉽게 바꿀 수 있다. 중익기는 동체 중간에 주 날개가 붙어 있는 비행기로, 안정적으로 빠르게 날 수 있다.

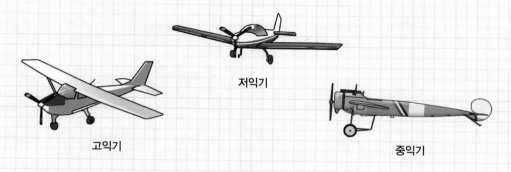

저익기

고익기

중익기

비행기를 파헤칠 거야!

3장

비행기 날개에 숨은 도형

"어이, 조수. 수학 실력은 어떤 편이야?"

오빌이 뜬금없이 물었다.

"수학이라면 제가 좀 하죠. 이번 시험에서 90점을 받았어요."

"오, 제법인데."

윌버가 하늘이의 머리를 쓰다듬어 주었다.

"그런데 갑자기 수학은 왜요?"

"비행기의 구조, 활주로를 달리는 비행기의 속도가 모두 수학과 밀접한 관계가 있거든."

"너, 비행기의 날개에도 도형이 숨어 있다는 거 알고 있니?"

하늘이는 도형 이야기가 나오자 머리가 멍해지는 느낌이 들었다.

오빌은 비행기의 날개를 잘 들여다보면 날개의 내부가 벌집처럼 생긴 정육각형으로 이루어졌다고 했다.

"삼각형, 사각형도 있는데, 왜 정육각형을 이용하죠?"

강한 충격에도 끄떡없군!

"정육각형이 평면을 빈틈없이 메꿀 수 있기 때문이야."

"다른 도형은 평면을 메꿀 수 없나요?"

"없지. 예를 들어서 정오각형을 살펴볼까? 다각형의 안쪽에 있는 각을 내각이라고 해. 정오각형의 한 내각은 108°야. 한 꼭짓점에 3개의 정오각형을 모으고 나면 36°가 남지. 그러면 평면을 메꿀 수 없어. 하지만 정육각형은 내각이 120°라서 평면을 메꿀 수 있지."

"정사각형도 가능하잖아요."

"물론 가능한데 평면을 정사각형으로 채우면 정육각형으로 채웠을 때보다 더 많은 재료가 필요해. 게다가 정사각형으로 채운 구조는 정육각형으로 채운 구조보다 힘이나 충격에 약하거든."

오빌은 정육각형으로 채운 구조는 외부에서 충격을 받아도 충격이 쉽게 분산되는 구조여서 튼튼하다고 했다. 또한 재료도 최소한으로 들어가서 효율적이고 가볍게 만들기 좋다는 것이다.

난 3개의 내각이 모여도 360°가 되지 않아!

정오각형

정육각형

난 3개의 내각이 모이면 360°가 돼!

108°+108°+108°=324°

36° 108°
108° 108°

120°
120° 120°

120°+120°+120°=360°

속도가 중요해

"비행기에 적용되는 수학이 이 정도쯤이라면 거뜬하네요. 아까 도형은 다 이해했다고요!"

하늘이가 자신감이 생긴 듯 말하자 라이트 형제가 코웃음을 쳤다.

"비행기가 하늘로 떠오르려면 수학적 계산이 필요한 거 아니?"

"네? 계산이요? 연산은 제가 좀 하죠."

하늘이는 침을 **꿀꺽** 삼켰다.

"비행기가 안전하게 이륙하는 데 가장 중요한 것이 바로 활주로를 달리는 비행기의 속도야. 비행기의 속도에 따라 충분한 힘을 얻어야 이륙할 수 있기 때문이지."

윌버는 활주로를 달릴 때 조종사가 이륙할 것인지 말 것인지를 결정해야 하는 속도가 있다고 했다. 이것을 이륙 결심 속도라고 했다.

이륙 결심 속도에 도달할 때까지 달려라, 달려!

이제 이륙 결심 속도야! 이륙하기로 결정!

"비행기 속도가 이륙 결심 속도에 도달하면 조종사는 비행기의 속도를 더 높여서 이륙을 시작해. 이때의 속도를 이륙 전환 속도라고 하지. 이륙 전환 속도에 다다르면 조종사는 비행기의 앞부분을 들어 올리지. 만약 비행기가 이륙 결심 속도를 넘어선 후에도 이륙하지 못하면 활주로를 벗어나는 사고가 나게 돼."

하늘이는 소스라치게 놀랐다.

"너무 걱정하지는 마. 그런 사고가 나지 않도록 조종사들이 열심히 훈련을 받는 거니까."

"그리고 비행기가 떠오른 뒤에도 조종사는 이륙 안전 속도를 유지하며 도착지까지 안전하게 비행하지."

"아, 안전한 비행을 하려면 조종사가 속도 계산을 잘해야겠군요."

이륙 안전 속도에 도달했군. 휴, 이륙에 성공!

드디어 이륙 전환 속도야! 3초밖에 없어. 앞부분을 들어 올리자!

스텔스 전투기에 숨은 수학

하늘이가 라이트 형제와 함께 이야기하느라 시간 가는 줄 모르고 있을 때였다. 갑자기 아빠로부터 전화가 걸려 왔다.

"아빠, 날씨 때문에 아직 출발하지 못했어요."

"안 그래도 그것 때문에 얘기를 좀 할 참이었단다. 하늘아, 이번엔 오지 말고 다음에 오는 게 어떻겠니?"

"왜요?"

"바쁜 일이 좀 생겼거든. 네가 오더라도 아빠나 엄마가 공항까지 마중을 나갈 수가 없구나."

아빠는 길게 얘기할 시간이 없다며 전화를 끊었다. 순간 하늘이의 눈에 눈물이 그렁그렁 맺혔다.

"우리 조수가 아무도 몰래 날아가서 아빠와 엄마 옆에 뿅 나타날 수 있다면 좋으련만."

윌버가 턱을 괸 채로 중얼거렸다.

"몰래? 킥킥, 레이더에 걸리지 않는 방법은 있잖아."

오빌이 장난스럽게 말했다.

"조수, 스텔스란 말을 들어 본 적 있니?"

"스텔스요?"

"이 말은 '은밀한 방법'이라는 뜻인데, 레이더에 탐지되지 않도록 하는 기술을 가리키기도 해. 그래서 레이더에 잡히지 않게 만들어진 비행기를 스텔스기라고 하지."

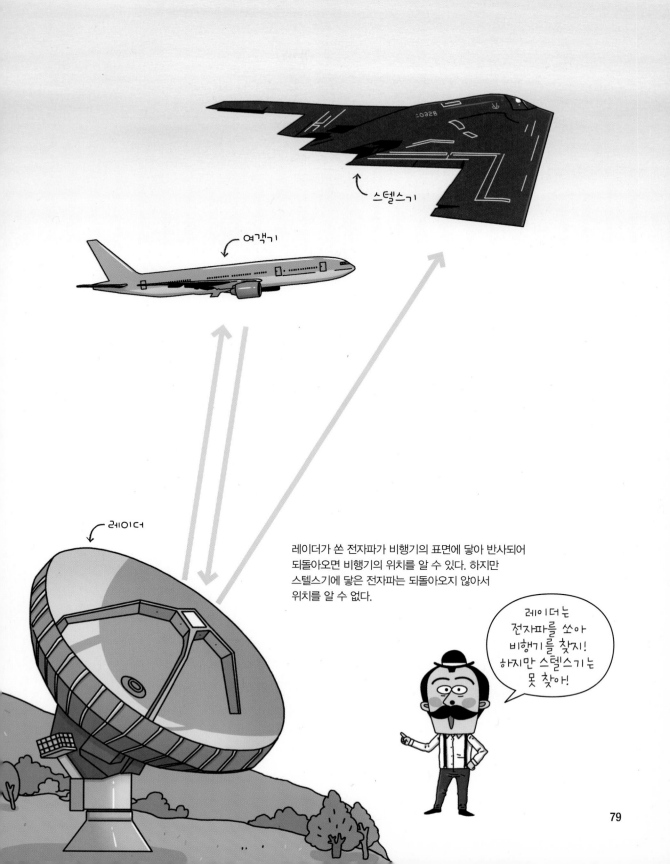

스텔스기

여객기

레이더

레이더가 쏜 전자파가 비행기의 표면에 닿아 반사되어
되돌아오면 비행기의 위치를 알 수 있다. 하지만
스텔스기에 닿은 전자파는 되돌아오지 않아서
위치를 알 수 없다.

레이더는
전자파를 쏘아
비행기를 찾지!
하지만 스텔스기는
못 찾아!

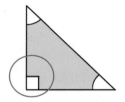

직각(90°)
두 개의 직선이 만나서
수직을 이루는 각도이다.

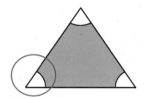

예각(90°보다 작은 각)
두 개의 직선이 만나서 이루는
각도가 직각보다 작은 각도이다.

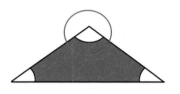

둔각(90°보다 큰 각)
두 개의 직선이 만나서 이루는
각도가 직각보다 큰 각도이다.

윌버는 스텔스기에 대해서 이해하려면 우선 각을 알아야 한다고 했다.

"직각은 90°, 예각은 90°보다 작은 각, 둔각은 90°보다 큰 각이야."

"그건 저도 알아요."

"뭐, 그 정도는 기본이지. 그럼 입사각과 반사각도 알아?"

"그건 잘 모르겠는데."

윌버는 종이에 몇 개의 선을 **쓱쓱** 그렸다.

"입사각은 빛이 물체에 닿을 때 생기는데, 물체와 90도로 만나는 선과
빛이 이루는 각이야. 반사각은 빛이 반사되어 나갈 때 생기는 각이고."

윌버는 레이더가 전자파를 쏘아서 그 전자파가 물체에 반사되어 되돌아
오면 시간과 각도를 파악해서 물체의 위치를 알아낸다고 했다. 그래서 스텔

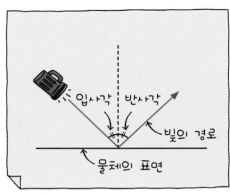

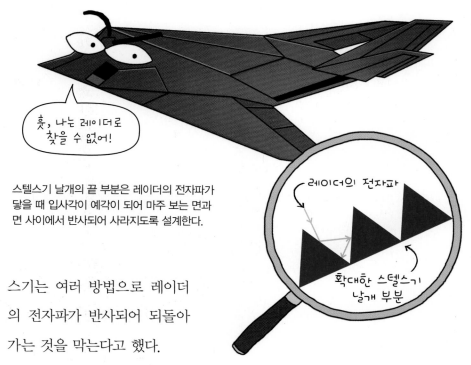

훗, 나는 레이더로
찾을 수 없어!

레이더의 전자파

확대한 스텔스기
날개 부분

스텔스기 날개의 끝 부분은 레이더의 전자파가
닿을 때 입사각이 예각이 되어 마주 보는 면과
면 사이에서 반사되어 사라지도록 설계한다.

스기는 여러 방법으로 레이더
의 전자파가 반사되어 되돌아
가는 것을 막는다고 했다.

"스텔스기는 레이더가 쏘는
전자파가 닿자마자 흡수하도록 몸체의 표면에 특수한 페인트를 바르고, 레
이더의 전자파가 몸체에 닿아도 엉뚱한 방향으로 반사되도록 설계하지."

"그게 각이랑 **무슨 상관이에요?**"

"비행기 몸체에 레이더 전자파가 수직(90°)으로 닿으면 입사각과 반사각
은 모두 0°가 돼. 즉 전자파가 들어왔던 방향으로 바로 되돌아가서 비행기
위치를 들키게 되지."

"그래서 스텔스를 만들 때는 비행기 몸체에 레이더 전자파가 닿을 때 입
사각이 0도보다 크고 90도보다 작은 예각이 되도록 설계해."

"레이더 전자파가 비행기 몸체에 닿을 때의 입사각이 예각이라면 그 전
자파가 레이더로 되돌아가지 않고 **엉뚱한** 방향으로 반사되어 비행기
몸체의 면과 면 사이를 반복하며 반사되다가 사라지거든."

무게 중심을 찾아라

"어디 보자, 이번엔 머리카락이 한 움큼 필요하겠는데?"

윌버가 하늘이의 머리를 쭉 잡아당겼다. 그러자 머리카락들이 우수수 떨어졌다. 하늘이는 눈물이 아롱아롱 맺힌 상태로 윌버를 노려보았다.

"이걸로 비행기를 만들자."

윌버가 박수를 치자 비행기가 나타났다.

"와! 이걸로 아빠가 계신 곳까지 갈 수 있어요?"

"아직 완성 단계가 아니야."

"뭐가 더 필요한데요?"

하늘이는 겉으로 멀쩡해 보이는 비행기를 보며 물었다.

"무게 중심을 계산해야지. 비행기가 안정적으로 비행하려면 무게 중심을 잘 잡아야 하니까."

비행기의 무게 중심이 너무 앞부분에 있으면 공기의 저항이 커서 연료를 많이 사용하게 된다.

비행기의 무게 중심이 너무 뒷부분에 있으면 강풍이 불 때 비행이 불안정하다.

"무게 중심은 물체의 각 부분에 작용하는 중력들이 모이는 작용점이야. 그래서 비행기를 만드는 과정에서 비행기 각 부분의 무게와 무게 중심을 계속 확인해야 하지."

"그건 어떻게 **확인해요?**"

"우선 비행기를 설계할 때 미리 설정했던 비행기의 무게 중심을 토대로 수많은 부품과 장치들을 배치해. 비행기에 화물을 싣고 승객을 태울 때에도 비행기의 무게 중심에 대한 점검이 다시 이루어지지."

"무게 중심의 위치를 계산하는 방법을 간단히 알려 줄게. 잘 봐!"

윌버는 넓은 종이에 수식을 적었다.

무게 중심의 위치 구하기

㉮와 ㉯의 거리는 10m이고, ㉮는 6kg, ㉯는 4kg이다.
㉮와 무게 중심까지의 거리(A)는 얼마일까?

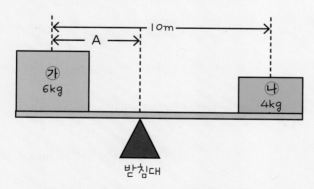

㉮와 무게 중심까지의 거리(A)

$$= \frac{(\text{㉯의 무게})}{(\text{㉮의 무게}) + (\text{㉯의 무게})} \times (\text{㉮와 ㉯의 거리})$$

$$= \frac{4(\text{kg})}{6(\text{kg}) + 4(\text{kg})} \times 10(\text{m}) = 4(\text{m})$$

물체의 무게,
물체와 물체 사이의 거리를
이용하면 무게 중심의 위치를
구할 수 있어.

비행기는 대칭이야

"비행기를 위에서 보면 어떨까?"

"멋있겠죠."

하늘이의 대답에 라이트 형제는 **황당한** 표정을 지었다.

"물론 멋있겠지. 그것 말고 떠오르는 것 없어?"

"음, 글쎄요."

하늘이는 머리를 긁적이며 라이트 형제의 눈치를 살폈다. 라이트 형제는 하늘이의 손을 잡고 하늘로 붕 떠올랐다.

"아래에 있는 비행기를 봐."

오빌은 비행기의 윗면 사진을 찍었다. 하늘이는 고개를 **갸웃했다.** 오빌은 위에서 밑으로 향해 찍은 사진을 출력하더니 사진을 좌우 반으로 접었다.

"뭐하는 거예요?"

대칭축으로부터 꼬리 날개의 양 끝 점까지의 거리가 같아!

짝!

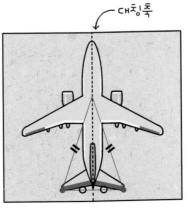

대칭축

84

"조수에게 비행기가 좌우 대칭인 걸 보여 주는 거야."

"대칭이란 어떤 도형을 한 점이나 한 직선, 한 평면을 중심으로 접거나 180° 돌렸을 때 완전히 겹쳐지는 것을 말하는 거 아닌가요?"

"와, 잘 알고 있네."

오빌은 비행기의 날개는 좌우 대칭을 이루고, 대칭을 이루는 중심선 상에 비행기의 동체가 놓여 있다고 했다. 비행기의 동체는 대칭의 중심 축이 되고, 그 축을 중심으로 비행기의 양쪽이 완전히 겹쳐져야 한다는 것이다.

"꼭 그래야만 해요?"

"응, 만약 비행기의 동체를 중심으로 양 날개가 대칭이 아니면 비행기는 어느 한쪽으로 기울어서 안정적인 비행을 할 수 없어."

그래서 비행기를 만들 때는 비행기가 **좌우 대칭**을 이루는지 점검하는 것이 반드시 필요하다고 했다.

"후유, 비행기를 만드는 건 생각보다 복잡하고 어렵네요."

"그럼, 비행기는 단순한 기계가 아니야."

"제가 비행기를 만들려면 시간이 오래 걸릴 것 같아요. 이건 잠시 미루고 우선 아빠와 엄마를 만나러 가야겠어요."

"그래, 우리도 비행기를 쉽게 만든 게 아니야. 노력한 결과라고!"

라이트 형제는 **우쭐하며** 말했다.

와, 비행기는 좌우 대칭이구나!

대칭 날개 종이비행기

재료가 필요해요!

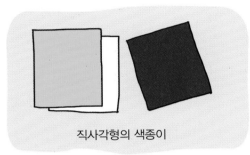

직사각형의 색종이

색종이만 있으면 대칭 날개 종이비행기를 만들 수 있어!

이렇게 만들어요!

① 직사각형의 종이를 절반으로 접었다 펼친다. 그러면 합동인 두 개의 직사각형이 생긴다.

합동이란 모양과 크기가 같아서 완전히 포개어지는 것을 말해.

② 반으로 접은 선을 중심으로 삼각형 A와 삼각형 B가 합동이 되도록 접는다.

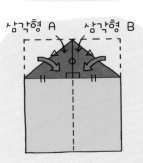

삼각형 A   삼각형 B

삼각형 A와 B는 한 각의 크기가 직각(90°)으로 같고, 세 변 중 두 변의 길이가 같아. 그래서 합동이지.

③ 가운데 선을 따라 양쪽 날개를 접은 다음,
   다시 절반을 접는다.

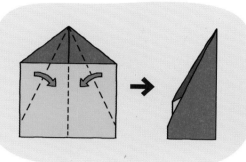

양쪽 날개를
맞춰 접으니,
완전히 겹쳐지지?

④ 그림과 같이 양쪽 날개를 대각선으로
   내려 접는다.

⑤ 대각선으로 접은 면을 직각으로 펼치면
   대칭 날개가 생기고 비행기가 완성된다.

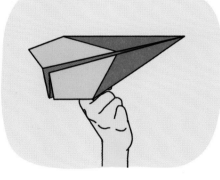

어떻게 되었나요?

완성된 종이비행기를 날리면 하늘에 뜬 상태에서 균형을 유지하며 날아간다.
이것은 종이비행기를 만들 때 동체를 중심으로 좌우 날개가 대칭이 되도록 정확
히 접었기 때문이다.

STEAM 쏙
교과 쏙

 다각형이란 무엇일까?

 다각형은 셋 이상의 직선으로 둘러싸인 평면 도형이다. 다각형은 변의 개수에 따라 삼각형, 사각형, 오각형, 육각형 등이 있다. 삼각형은 3개의 변과 3개의 꼭짓점으로 이루어진다. 사각형은 4개의 변과 4개의 꼭짓점으로 이루어진 도형이다. 오각형은 꼭짓점과 변이 5개씩 있고, 육각형은 꼭짓점과 변이 6개씩 있다.

나는 삼각형이야. 나는 사각형이야. 나는 오각형. 나는 육각형.

꼭짓점
변

 각도는 어떻게 잴까?

 각도는 각도기라는 도구로 잴 수 있다. 각도기는 보통 반달 모양으로 생긴 플라스틱판에 각도를 눈금으로 표시한 도구이다. 각도기로 각을 재는 방법은, 각의 꼭짓점에 각도기의 중심을 맞추고 각의 한 변을 각도기의 0°에 맞춘 뒤 각의 다른 한 변이 닿는 눈금을 읽으면 된다.

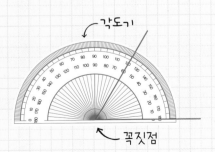

각도기

꼭짓점

88

예각이란 무엇일까?

90°를 직각이라고 하는데, 예각은 직각보다 작은 각을 말한다. 또한 직각보다 큰 각은 둔각이라고 한다. 그래서 삼각형을 각의 크기에 따라 분류할 때 세 각이 모두 예각이면 예각 삼각형, 한 각이 둔각이면 둔각 삼각형, 한 각이 직각이면 직각 삼각형이라고 한다.

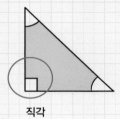

직각

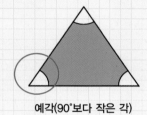

예각(90°보다 작은 각)

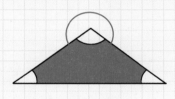

둔각(90°보다 큰 각)

대칭이란 무엇일까?

대칭을 쉽게 말하면, 어떤 도형을 반으로 접었을 때 완전히 겹쳐지는 것이다. 정삼각형, 정사각형, 직사각형 등은 모두 대칭이다. 단순한 도형 외에도 반으로 접었을 때 완전히 겹쳐지는 것은 모두 대칭이라고 한다.

비행기 사진을 위에서 찍은 다음, 그 사진을 좌우 반으로 접으면 완전히 겹쳐진다. 즉 비행기는 좌우가 대칭이다. 비행기가 대칭이어야만 한쪽으로 기울어지지 않고 수평을 이룬 상태에서 안정적으로 비행할 수 있다.

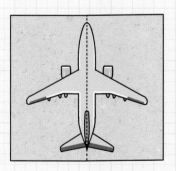

아빠에게로 날아가자!

4장

가자, 공항으로!

"이제 이 비행기를 타고 아빠와 엄마를 만나러 갈 일만 남았네요! 저를 잘 데려다 주실 거죠?"

하늘이가 신나서 소리쳤다. 당장 하늘을 날아갈 것을 생각하니 너무나 기뻤다.

"그래, 가자! 라이트 형제가 새로 만든 비행기여, 날아라!"

라이트 형제는 비행기를 보며 소리쳤다.

하지만 웬걸, 비행기는 5분 남짓 하늘로 떠올랐다가 도로 가라앉았다. 쿵 소리와 함께 비행기가 땅으로 곤두박질친 것이다.

"이게 어떻게 된 거지?"

"또 이런 일이 생기다니!"

하늘이는 어리둥절한 표정을 지었다.

"고장이라도 났나요?"

"아무래도 그런 것 같구나."

"그럼 이제 어떻게 해야 하는데요?"

라이트 형제는 굳은 표정으로 고장 난 비행기를 쳐다봤다. 둘은 한참 동안 말이 없었다.

하늘이는 수다스럽기 그지없던 윌버와 오빌이 입을 **꾹** 다물고 있는 것을 보자 어쩐지 불안했다. 동시에 아빠와 엄마를 만날 수 없을 거란 생각이 들었다. 하늘이는 눈물을 **뚝뚝** 흘리고 말았다.

"울지 마, 우리가 어떻게든 널 미국으로 보내 줄게."

"그래, 너와 함께 우리는 고향인 미국으로 갈 수 있어."

"어떻게요?"

하늘이가 묻자 라이트 형제는 잠시 골똘하더니만 아주 중대한 결심이라도 한 듯 **입술을 깨물었다.** 하늘이는 속으로 머리카락을 뽑아야 하는 거라면 백 개 아니라 천 개라도 뽑을 수 있다고 다짐했다. 하지만 라이트 형제의 생각은 하늘이의 생각과는 전혀 달랐다.

"최후의 방법은 바로!"

"바로?"

"공항으로 가는 거지. 우리 비행기가 고장 났으니 아빠가 보내 준 표로 비행기를 타고 가야지. 그러려면 우선 공항으로 가야겠지?"

라이트 형제는 공항으로 가자며 짐을 **주섬주섬** 챙겼다. 하늘이는 팔짱을 낀 채로 그 모습을 쳐다봤다.

"치, 그럼 처음부터 공항으로 가면 됐잖아요."

"공항을 만만하게 생각하나 본데, 공항은 그렇게 쉬운 곳이 아니야."

"맞아, 너희 아버지도 널 마중하러 공항에 나올 시간이 없으니 차라리 오지 말라고 했잖아."

"저도 공항에 가 봤어요. 공항이 뭐 그리 복잡하다고……"

하늘이가 입술을 삐죽였다.

공항에 대해 알려 주마

"잠깐 눈 좀 감아 봐."

그 순간 월버가 하늘이의 이마를 **툭** 치더니 머리카락 몇 개를 뽑았다.

눈 깜짝할 사이의 일이어서 **아야** 하고 소리도 지르지 못할 정도였다.

그리고 곧바로 눈앞에 복잡한 광경이 펼쳐졌다.

"와, 여기는 공항이네요."

활주로

주기장

"후훗, 우린 못하는 게 없다니까."

하늘이는 주위를 두리번거렸다. 이륙을 준비하는 비행기도 있고, 활주로를 따라 달리는 비행기도 있고 저 멀리 반짝이는 관제탑도 있었다.

"공항은 비행기의 탑승을 준비하는 곳이야."

"공항은 어느 나라나 다 똑같나요?"

하늘이는 공항의 모습을 살펴보며 물었다.

공항은 비행기를 탈 수 있는 곳이지.

공항을 차근차근 살펴 봐!

와, 비행기가 많아요.

관제탑

비행기가 주기장에서 화물을 싣고 승객을 태우고 있다.

"국제 공항은 비슷비슷하지. 세계 여러 나라를 오가는 각국의 비행기들이 내릴 수 있도록 정부에서 지정한 공항이니까."

오빌이 자신만만하게 말했다.

"국제공항은 세관 시설, 출입국 관리 시설, 검역 시설을 모두 갖추고 있지. 또 비행기의 안전한 이륙과 착륙을 위해 꼭 갖추어야 할 활주로, 주기장, 유도로, 관제탑 등의 시설이 있어."

윌버도 불쑥 끼어들어 말했다.

"주기장이 뭐예요? 유도로도 처음 들어 보는데."

"비행기에 승객을 탑승시키거나 화물을 싣는 곳을 주기장이라고 해."

"이륙 준비를 마친 비행기는 주기장에서 활주로까지 천천히 이동하는데, 이때 비행기가 이동하는 길을 바로 유도로라고 하지."

주기장, 유도로, 활주로를 바라보던 하늘이는 갑자기 궁금한 게 하나 생겼다. 신호등도 없는 도로에서 비행기끼리 부딪쳐 사고가 나면 어떡하나 하는 것이었다. 그때 하늘이의 마음을 읽은 듯 오빌이 말했다.

"그런 건 관제탑에서 다 알아서 신호를 보내 주니까 괜찮아."

"관제탑이요?"

"응, 공항의 전체를 잘 볼 수 있는 곳에 **우뚝** 서 있는 높은 탑이 보이지? 바로 저게 관제탑이라는 건데, 거기서는 모든 비행기가 안전하게 운항할 수 있도록 관리한단다."

"모든 비행기는 이착륙할 때 관제탑에 통보하고 허가를 받아야 해."

윌버도 관제탑이 중요하다며 말을 덧붙였다.

"그래서 많은 비행기가 안전하게 오갈 수 있군요."

관제탑에서는 비행기 운항에 대한 모든 정보를 교류하고 이착륙 지시를 내려 항공 교통을 관리한다.

비행기가 이륙하기 위해 유도로에서 활주로로 이동하고 있다.

라이트 형제는 하늘이를 데리고 아주 넓고 기다란 도로로 이동했다.

"여긴 **활주로잖아요.**"

"그래, 비행기가 이륙하거나 착륙할 때 사용하는 길이지."

"그런데 활주로가 바람에 따라서 바뀐다는 사실을 알고 있니?"

"바람에 따라서요?"

하늘이는 처음 듣는 얘기라는 듯 눈을 **반짝였다.**

"활주로는 공항에서 바람이 가장 많이 불어오는 곳으로 정해. 비행기가 이륙할 때는 바람이 비행기의 뒤에서 앞으로 부는 쪽을 활주로로 하고, 착륙할 때는 바람이 비행기의 앞에서 뒤로 부는 쪽을 활주로로 하지."

"그건 비행기가 뜨고 내릴 때 바람의 영향을 받아서 위험한 상황이 벌어지는 것을 막기 위해서야."

윌버는 비행기 사고의 반 이상이 활주로에서 발생한다고 했다. 그만큼 이륙과 착륙이 어려운 것이라며 혀를 **끌끌** 찼다.

"공항이 처음 만들어졌을 때는 지금보다 활주로가 더 많이 필요했어."

"비행기는 지금이 더 많을 텐데 왜 그런 거예요?"

"비행기가 많아도 이착륙할 때 필요한 길이 많을 필요는 없어. 비행기가 움직이는 시간을 조절해서 같은 활주로를 사용하면 되니까."

오빌이 **거들먹거리며** 말했다. 이어서 윌버가 설명을 덧붙였다.

"초기 비행기는 지금보다 가벼웠기 때문에 바람의 영향을 많이 받았어. 그래서 바람이 부는 방향에 따라 바람의 방해를 피해 어떤 방향으로도 이착륙이 가능해야 했지. 그러려면 활주로가 여러 개 필요했었고."

"하지만 지금은 비행기가 점점 **무거워지면서** 바람의 영향을 덜받게 되었지. 그래서 요즘 공항에는 보통 활주로가 2개란다."

하늘이는 곧게 뻗은 활주로를 물끄러미 바라보았다. 그러자 당장이라도 아빠에게 달려가고 싶다는 생각이 솟구쳤다.

"비행기는 언제 타러 가요?"

하늘이의 마음을 알고 라이트 형제는 하늘이의 어깨를 토닥였다.

곧 이륙할 비행기가 활주로에서 서서히 달려가고 있다.

출국과 입국

"우선 나를 따라 와. 공항에서 비행기를 타려면 반드시 출국 수속을 해야 해. 비행기 탑승권을 사거나 예매한 탑승권을 받아 좌석을 배정받고, 비행기 화물칸에 실을 큰 짐을 미리 부쳐야 하지. 꼭 필요한 것만 빼고 나머지는 모두 화물칸으로 보내야 해."

윌버는 앞장서서 걸어갔다.

"알겠어요. 짐을 부친 후엔 비행기를 타면 되나요?"

"아니, 아직 멀었어."

오빌은 자꾸 재촉하는 하늘이에게 쏘아붙였다.

하늘이는 **답답해지려** 했다. 비행기를 타기 전에 할 일이 생각보다 복잡하고 많았던 것이다.

"다음에는 출국장으로 들어가야 해. 여권도 준비해야 하지."

"여권은 해외에서 신분을 증명해 주는 증명서나 마찬가지야. 대한민국 영토를 벗어날 사람이라면 누구나 발급 받아 가지고 다녀야 해."

"여권은 지난번에 비행기를 탔을 때 만들어 놓았어요. 여권만 있으면 모두 끝난 건가요?"

"또 이럴 줄 알았어. 아직 멀었어, 아직."

하늘이는 아직도 뭔가 남았다는 소리에 눈앞이 **캄캄해졌다.** 공항을 둘러보다가 하루를 다 보낼 것 같았기 때문이다.

"여권을 확인받고 나면 짐을 검색해야 해. 혹시 위험한 물건을 갖고 비행기를 타는 건 아닌지, 불법적인 물건이 있는 건 아닌지 검사를 해야 모든 사람들이 안전하게 비행기를 탈 수 있지."

"안전에 최선을 다하는 거네요. 안전이 중요한 건 저도 알아요."

"맞아. 검색대를 통과한 뒤 출국 심사관에게 여권과 비행기 탑승권을
보여 주면 비행기를 탈 수 있는 곳으로 갈 수 있어."

"그곳에서 자기가 탈 비행기를 기다리면 되는 거지."

"후유."

하늘이는 숨을 몰아쉬었다.

① 탑승권을 받아 좌석을 배정받고
화물칸에 짐을 부친다.

출국할 때

④ 비행기 게이트로 가서
탑승 시간까지
기다린다.

③ 여권과 탑승권을 보여 주고
출국 심사를 받는다.

② 비행기에 가지고 탈 짐과
소지품을 검색대에서
확인 받는다.

라이트 형제와 공항에서 할 일을 미리 살펴보는 것뿐인데도 하늘이는 머리가 복잡하고 어지러웠다.

"비행기에 타면 탑승권에 적힌 좌석에 앉아 안전벨트를 매야 해."

"모든 승객이 비행기에 타면 승무원들이 몇 가지 안전 사항을 점검한 뒤 안내 방송과 함께 비행기가 서서히 움직이지. 그리고 관제탑에서 이륙하라는 신호를 주면 비행기가 이륙할 거야."

"이제 완전 끝인가요?"

"그래, 목적지에 도착할 때까지 푹 쉬면 되지."

하늘이는 이제 혼자 공항으로 가더라도 충분히 미국으로 갈 수 있겠다고 생각했다. 그런데 비행기가 목적지에 도착하면 또 다른 상황이 펼쳐진다는 것이었다.

"What is the purpose of your visit?"

"네?"

라이트 형제가 하늘이에게 계속해서 같은 말을 반복했다.

"뭐라는 거예요?"

"왜 미국을 방문했나요? 목적이 뭐죠? 하고 묻는 거야."

"그건 왜 물어보는 건데요?"

하늘이는 당황해서 말을 얼버무렸다.

"목적지 공항에 도착하면 입국 심사를 받아. 입국 심사관은 여권을 확인하며 이곳에 온 이유를 간단히 물어본 뒤 입국을 허락해 줄 거야."

"넌 부모님을 만나려고 왔다든지, 휴가를 즐기러 왔다든지, 미국을 구경하려고 왔다라고 이유를 설명하면 돼."

라이트 형제는 주거니 받거니 공항에서의 출국과 입국에 대해 자세히 알려 주었다.

"이 모든 과정이 끝나면 비행기 화물칸에 실었던 짐을 찾아서 밖으로 나가면 돼. 아마 너희 아빠가 널 오지 말라고 하신 건 공항에서의 여러 가지 일들을 혼자서 할 수 있을까 걱정돼서 그러실 거야."

하늘이는 아빠의 마음이 조금은 이해가 되었다.

"하지만 이젠 혼자서도 다 할 수 있을 거 같아요."

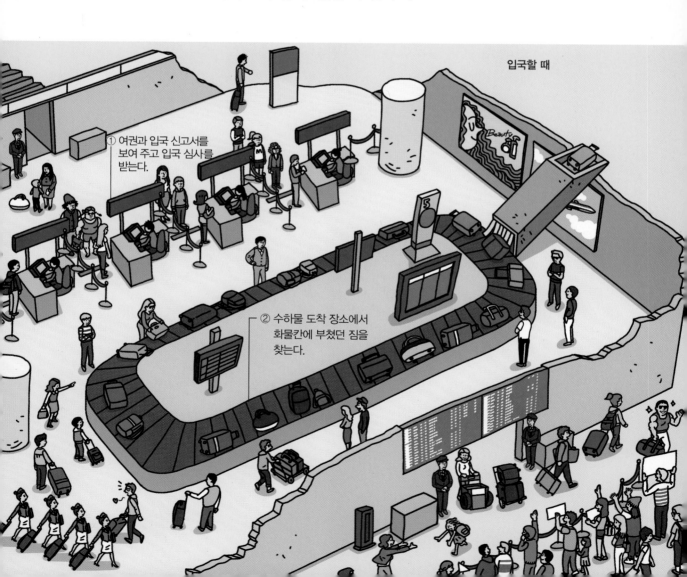

입국할 때

① 여권과 입국 신고서를 보여 주고 입국 심사를 받는다.

② 수하물 도착 장소에서 화물칸에 부쳤던 짐을 찾는다.

공항에서 일하는 사람들

"혹시 공항에서 일하는 사람들한테 도와 달라고 부탁할 순 없나요?"

하늘이가 묻자 라이트 형제는 고개를 끄덕였다.

"가능하긴 하겠지. 하지만 저마다 하는 일이 다 달라서 널 도와주는데 한계가 있을 거야."

"하는 일이 다르다고요?"

"그래, 공항에는 다양한 직업을 가진 사람들이 많이 있어. 비행기 조종사, 승무원, 항공기 정비사, 항공 교통 관제사 등 많은 사람들이 공항에서 일을 하지."

"비행기를 조종하는 일을 하는 사람을 뭐라고 부를까?"

윌버의 물음에 하늘이는 아주 간단하다는 듯 곧장 대답했다.

"에이, 그 정도는 저도 알아요. 조종사라고 하죠."

이 커다란 비행기를 기장과 부기장 둘이 움직인다니, 신기하지 않아?

비행기 조종실에서 두 명의 조종사가 비행기의 이륙을 준비하고 있다.
기장과 부기장은 비행기의 안전한 운항을 책임지는 사람이다.

"그래, 우리가 공항에서 타는 비행기를 흔히 여객기라고 하는데, 보통 여객기에는 기장과 부기장이 있어."

"둘이 하는 일이 다른가요?"

"기장은 비행과 관련된 모든 일을 책임지고 승무원들을 지휘하는 역할을 해. 기장은 비행 전에 비행 계획, 목적지, 기상 조건, 운항 경로 등을 확인하여 비행을 준비하고 관제탑과 교신하며 비행하는 데 필요한 모든 일을 도맡아서 해."

"부기장은 기장을 도와 목적지까지 비행기를 안전하게 운항할 수 있도록 하는데, 비행기가 움직이는 데 필요한 연료량이라든지 기내 기압 등을 수시로 확인한단다."

"그것도 중요한 일인가요?"

"당연하지."

오빌은 기장과 부기장 모두 중요한 일을 한다고 말했다.

"조종사가 되려면 어떻게 해야 해요?"

"당연히 공부를 잘해야겠지."

"끙……. 또 그 소리!"

하늘이가 입맛을 다실 때였다.

"조종사가 되려면 비행기와 관련된 모든 공부를 열심히 해야 해. 또 충분한 비행 훈련을 통해 운동 감각을 길러야 하고."

"운동 감각은 왜요?"

"비상 상황이 발생했을 때, 빠르고 침착하게 대처할 수 있는 순발력과 상황 판단력이 필요하기 때문이지."

"그렇구나……."

"비행기에선 조종사만 중요한 역할을 하는 게 아니야. 승무원도 엄청 중요한 일을 하지."

"전에 비행기 탔을 때 승무원 누나가 무척 친절했어요. 그런데 승무원은 비행기 안에서 우리에게 안내해 주는 사람 아니에요?"

라이트 형제가 손가락을 **곧추세우더니** 가로저었다.

"노, 노. 절대 아니란다."

"승무원은 승객의 안전과 편안함을 위해 많은 일을 하지."

"승무원은 승객이 탑승하기 전에 비행기의 내부를 꼼꼼하게 확인하고, 비행하는 동안 승객들이 편하고 쾌적하게 지낼 수 있도록 여러 가지를 준비해. 또 비상 상황이나 돌발 사태가 생겼을 때에는 승객의 안전을 보호하는

손님, 무엇을 도와 드릴까요?

승무원이 기내 식사를 제공하고 있다. 승무원은 기장과 협조하여 승객의 안전한 비행을 돕고 승객들이 편안하도록 여러 가지 서비스를 제공한다.

비상 구급 요원 역할도 하지."

"비행기와 관련된 직업은 승무원이나 조종사 밖에 없나요?"

"천만에! 항공기 정비사, 항공 교통 관제사, 항공학 기술자, 세관원……. 비행기와 관련된 직업은 일일이 나열할 수 없을 정도로 많아."

"그렇군요."

"항공기 정비사는 비행기의 숨은 일꾼이라고 할 수 있어. 비행기가 안전하게 운항할 수 있도록 비행기를 정비하고 점검하는 일을 하니까."

하늘이는 눈을 반짝였다. 수많은 승객들의 안전을 위해 비행기를 정비하고 관리하는 일이 멋져 보였다.

"항공기 정비사가 되려면 특별한 자격이 필요한데, 그 자격은 국가에서 치르는 항공 정비사 시험에 통과해야만 얻을 수 있지."

항공기 정비사가 비행기의 안전한 운항을 위해 비행기를 정비하고 점검한다.

"그럼 항공 교통 관제사는 뭐예요?"

"항공 교통의 흐름을 조절하는 사람이야. 조종사에게 활주로의 상태나 기상 정보 등을 알려 주고 비행기가 안전하게 이착륙하도록 도와줘."

"비행기가 이착륙할 수 있는 순서를 정해 주는 일도 하고, 레이더로 항공 운항 정보를 수집하여 조종사에게 전해 주는 일도 하고, 교통정리를 통해 비행기 간의 충돌을 막는 일도 하고."

하늘이는 항공 교통 관제사에게 관심이 생겼다.

"항공 교통 관제사는 어떤 능력이 필요해요?"

"여러 나라의 비행기들이 오가는 것을 모두 관리해야 하기 때문에 외국어 능력과 최첨단 장비들을 사용할 수 있는 기술이 필요하단다."

"조수, 혹시 흥미가 생기는 직업이 있어?"

윌버가 **불쑥** 끼어들었다.

항공 교통 관제사는 비행기 운항을 통제하는 일을 한다.

영어는 어려워.

우아!

"음, 항공 교통 관제가 되어 보고 싶은데 제가 영어를 싫어해서요."

"항공 공학 기술자라는 직업도 있어. 비행기를 설계하고 제작하는 일을 하지."

항공 공학 기술자는 비행기를 설계하고 제작한다.

"어찌 보면 우리도 항공 공학 기술자라고 할 수 있겠네. 비행기를 만들고 시험해서 잘못된 점을 고치니까."

"공항에는 세관원도 있어. 공항을 오고 가는 사람들의 소지품이나 수출입 화물을 검사하는 사람이지."

"아까 검색대에서 봤던 짐을 검사한 아저씨도 세관원인가요?"

"그래, 세관원은 외국으로 가져갈 수 없는 물건이나 불법적인 물건들을 골라내지."

하늘이는 이런저런 생각에 잠겼다. 나중에 커서 어른이 되면 비행기를 직접 만들거나 비행기와 함께할 수 있는 곳에서 일하고 싶다는 꿈이 생겼기 때문이다.

훗, 내 눈을 피할 수 없어!

세관원은 수출입 화물을 검사하고 세금을 관리한다.
또한 승객의 가방이나 소지품을 검사한다.

비행기를 타고 출발!

그날 저녁 하늘이는 아빠에게 전화를 걸었다.

"아빠, 저 혼자도 비행기를 탈 수 있으니까 제발 가게 해 주세요."

"공항에서 출국과 입국이 어려울 텐데. 너 혼자 할 수 있겠니?"

"네, 제가 몇 번이나 연습을 했거든요."

아빠는 **신신당부** 끝에 와도 좋다고 허락하셨다. 며칠 후 공항에 도착한 하늘이는 라이트 형제와 함께 입국 수속을 마치고 비행기에 올라탔다.

"이제 곧 하늘을 날아오를 텐데, 기분이 어때?"

우표 수집 노트 속에서 라이트 형제의 목소리가 들려왔다.

"가슴이 설레어요."

"우리도 그랬지. 우린 항상 하늘을 날 때마다 **두근두근** 설레었어."

"바로 그 기분이 우리를 끊임없이 노력하게 만들었지."

"저도 그럴 것 같아요. 계속 비행기와 함께 하고 싶을 거예요."

그 말에 우표 속 라이트 형제가 베시시 미소를 지었다.

비행기는 활주로를 빠르게 달리더니 서서히 하늘로 날아올랐다.

하늘이는 우표 수집 노트를 꼭 껴안고 벅찬 마음으로 창밖을 바라보았다.

Q | 비행기가 이착륙하려면 어떤 시설이 필요할까?

A | 비행기가 안전하게 이륙하고 착륙하려면 주기장, 유도로, 활주로, 관제탑 등이 필요하다.
주기장은 승객을 탑승시키거나 화물을 실을 때 사용하는 도로이고, 유도로는 주기장에서 활주로로 이동하는 길이다. 활주로는 비행기가 이착륙할 때 사용하는 길을 말한다.

관제탑은 비행기가 안전하게 운항할 수 있도록 모든 정보를 교류하고 상황을 통제하는 곳으로, 공항 전체가 잘 보이는 곳에 우뚝 서 있다.

Q | 활주로는 어떤 곳으로 정할까?

A | 활주로는 공항에서 바람이 가장 많이 불어오는 곳으로 정한다. 그리고 비행기가 이륙할 때는 바람이 비행기의 뒤에서 앞으로 부는 쪽을 활주로로 하고, 착륙할 때는 바람이 비행기의 앞에서 뒤로 부는 쪽을 활주로로 한다. 이렇게 해야 비행기가 이륙하거나 착륙할 때 바람의 방해를 덜 받을 수 있다.

조종사는 무슨 일을 할까?

조종사는 비행기를 조종한다. 여객기의 조종사는 승객과 화물을 안전하게 나르는 임무를 맡고 있다.

보통 여객기에는 기장과 부기장이 있는데 기장은 비행과 관련된 모든 일을 책임지고 승무원들을 지휘한다. 부기장은 연료량, 기내 기압 등을 확인하며 목적지까지 비행기를 안전하게 운항할 수 있도록 기장을 돕는다.

 항공 교통 관제사는 무슨 일을 할까?

항공 교통 관제사는 항공 교통의 흐름을 조절하는 사람이다. 조종사에게 활주로의 상태나 기상 정보를 알려 주고 비행기가 안전하게 이착륙할 수 있도록 도와준다. 또한 여러 대의 비행기가 이륙이나 착륙을 원할 때에는 그 순서를 정해 주고, 레이더로 항공 운항 정보를 수집해 조종사에게 전해 주어 비행기가 충돌하지 않도록 한다.

핵심 용어

동력
어떤 움직임을 나타나게 하는 힘이나 그 힘을 만드는 근원.

레이더
물체를 향해 마이크로파라는 전자파를 보내고, 다시 되돌아오는 전자파를 받아서 물체의 상태나 위치를 분석하여 찾아내는 장치.

무게 중심
물체를 기울지 않게 받칠 수 있는 점으로 질량의 중심과 일치하며, 중력의 중심이라고도 함.

밀도
단위 부피에 포함되어 있는 물질의 질량으로 물질마다 고유한 값을 가짐.

반사
빛이나 전파 등이 어떤 물체의 표면에 부딪혀 되돌아오는 현상.

비행기
동력을 이용해 프로펠러를 돌리거나 연소 가스를 내뿜는 힘으로 생긴 양력으로 하늘을 날아다니는 항공기.

압력
서로 닿아 있는 두 물체가 닿은 면에서 서로 수직으로 누르는 힘이나 그 힘의 세기.

양력
공기 중이나 물속의 물체가 나아가는 방향의 수직 방향으로 받는 힘으로, 비행기는 날개에서 생기는 이 힘을 이용하여 하늘을 날 수 있음.

엔진
열에너지, 전기 에너지, 수력 에너지 따위를 기계적인 힘으로 바꾸는 장치. 일반적으로 동력을 발생시키기 위해 연료를 연소시킴.

열기구
큰 기구 속의 공기를 가열하여 공기의 밀도가 낮아져 공중에 떠오르게 만든 기구.

유선형
물이나 공기의 저항을 줄이기 위해 앞부분을 곡선으로 만들고, 뒤쪽으로 갈수록 뾰족하게 한 형태.

이륙
비행기가 날기 위하여 땅에서 떠오를 때 하나로 이어지는 동작.

중력

지구 위에 있는 물체가 지구 중심으로부터 받는 힘으로, 지구가 물체를 끌어당기는 힘.

착륙

비행기가 공중에서 활주로나 판판한 땅으로 내려올 때 하나로 이어지는 동작.

추력

프로펠러가 돌아가는 힘이나 가스가 분사되는 힘을 이용해 물체를 나아가는 방향으로 밀어붙이는 힘.

크랭크축

왕복 운동을 회전 운동으로 바꾸거나 그 반대의 일을 하는 기계 장치의 회전축. 증기 기관에서 피스톤의 왕복 운동을 회전 운동으로 바꿈.

타이타늄

단단하고 잘 부식되지 않는 흰색 금속으로, 비행기 동체의 재료로 주로 사용됨.

프로펠러

보통 두 개 이상의 날개로 되어 있으며, 엔진을 통해 얻은 회전력을 추진력으로 바꾸는 장치로 비행기나 배를 앞으로 나아가게 하는 장치.

피스톤

속이 빈 원통 모양 장치인 실린더 안에서 왕복 운동을 하는 원통이나 원판 모양으로 된 부품.

합금

하나의 금속에 성질이 다른 둘 이상의 금속이나 비금속을 섞어서 녹여 만든 새로운 성질의 금속.

항공기

사람을 태우거나 물건을 싣고 공중을 날 수 있는 탈 것. 헬리콥터, 비행선, 열기구 등을 말함.

항력

공기 중이나 물속에서 물체가 나아갈 때 그 반대 방향으로 작용하는 힘으로, 저항력이라고도 함.

활주로

비행장에서 비행기가 이륙하거나 착륙할 때 사용하도록 만든 길.